男性のための離婚の法律相談

本橋美智子 [著]

学陽書房

はしがき

はじめに

　本書は、男性依頼者の離婚事件を扱う弁護士や、離婚問題の当事者のために、男性の立場から考え方や実務のポイントをまとめ解説した実務書です。

　これまで離婚をめぐる書籍は多数刊行されてきました。街の書店の本棚には「慰謝料をきっちりとる」とか「損をしない」などと銘打った女性向けの本がたくさん並んでいます。しかし一方で、男性に向けた離婚の本は、最近ようやく多少見かけるようになりましたが、これまではほとんどありませんでした。

　私は離婚事件の弁護を長年経験してきましたが、共働き世帯が多くなり、男性も積極的に子育てに参加するようになった現在、離婚事件の実務は大きな変革期を迎えていると感じています。そこで、今の時代にあった男性向けの離婚の本、しかも突然の離婚に悩む男性依頼者の相談を受ける立場の弁護士や、自分で納得いくまできっちりと勉強したいという離婚事件の当事者に向けた法律実務書の必要性を感じるようになりました。

離婚は男性に不利なのか

　よく、離婚は男性にとって不利だという言葉を耳にします。正直なところ、あながちそのことは間違いとはいえません。実際、これまで我が国における離婚の学説や実務は、女性の立場から考えられることが多かったのです。

　昭和21年に制定された日本国憲法は、第24条で「家族における個人の尊厳と両性の本質的平等」を規定しています。これに基づき明治時代に制定された民法の改正が行われ、昭和23年1月1日から施行されたのが現在の民法です。

　この新民法は、「家」制度を一掃し、男女平等を実現したもので、離婚制度も当然に個人の尊厳と両性の本質的平等に立脚して運用・解釈されることになりました。しかし、現実には社会・家庭における女性の地位は男性に比べて非常に低く、女性の尊厳や男女平等を実現するには女性を保護する解釈や運用を行う必要があったのです。

例えば、有責配偶者からの離婚請求を認めない判例の考え方は、不貞行為をした夫が妻に離婚を請求して、妻が路頭に迷うことを防ぐ役割を果たしていました。また、専業主婦であっても財産分与の寄与割合を原則50%とする判例・実務は、夫婦別産制のもとで自分名義の財産を持たない妻を保護する目的を持っていました。

　また、新民法施行後の昭和24年に設置された家庭裁判所では、調停等において、自分の主張をきちんと述べるような教育や社会経験を有していない女性が多かったという背景から、そのような女性に対して後見的に助力をすることが使命であると考えられていたこともあります。

　このように、戦後の離婚制度は、社会・家庭において弱者であった妻を保護することにその主眼が置かれていたといっても過言ではありません。

世代によって大きく違う「家庭観」

　しかし、妻が社会的・経済的に弱者であった状況は、昭和50年代半ば頃から徐々に変化していきます。

　戦後の日本の家庭、特にサラリーマン家庭は、夫が仕事をし妻が専業主婦として家事育児をする専業主婦型の家庭が主流でした。

　その後、女性の高学歴化、昭和61年の男女雇用機会均等法の施行、平成3年の育児休業法の制定等によって、結婚後も仕事を続ける女性が増加してきました。そして、平成12年頃には共働き世帯の数が専業主婦世帯の数を超えたのです。

　現在では、男女共同参画社会の実現、出産後も女性が働き続けられる社会の実現が政策目標になっており、家庭も共働き型が主流となっています。

　このような家庭形態の変化に応じて、妻から求められる夫像も当然変化しており、専業主婦が求める大黒柱型から、共働きの妻は、家事も育児も分担するイクメン型の夫を求めています。

　また、こうした家庭観は、当然世代により異なっています。昭和22年から昭和24年までに生まれた団塊世代の夫婦は、ほとんど専業主婦型ですが、その子どもの世代は、均等法施行後に社会人となった世代であり、共働き型が主流です。

　このように、現在の我が国の家庭環境や家庭観は戦後70年を経て大きく変化したばかりでなく、世代によっても大きく違っています。

離婚実務は社会の変化に対応しきれていない

では、離婚制度や離婚実務はどうでしょう。残念ながらこのような社会状況の変化に対応できていない面が少なからず見受けられます。

家庭裁判所の裁判官、調停委員、調査官等のなかには、まだまだ女性は弱者であるとして、女性の保護を第一義に考える人がいます。もちろん、事案によっては女性の保護が必要なことも少なくないのですが、「女性＝弱者」という硬直した考えは正しいとはいえないでしょう。特に乳幼児の親権・監護の問題になると、一転して母親優先という考え方が飛び出す実務家は多いのです。

しかし、育児も家事も当然のこととして分担してきた夫にとって、これは簡単に納得できることではありません。子どもが生まれ、妻が職場復帰してからは、夫婦で分担して保育所の送り迎えをし、帰宅後も愛情を持って子どもの世話をしてきたのに、離婚事件になるとさも当然のように妻が親権者であるといわれてしまうことは、夫の身になれば到底承服出来ないでしょう。

このように、現在の離婚制度や実務が、今の時代の夫婦の実態に即しているとは必ずしも言えない面があるなかで、離婚問題に直面した男性依頼者に納得してもらえる弁護をすることは、弁護士にとっても困難が伴う反面、取り組みがいのある仕事であるともいえます。

男性の弁護を行ううえでの心構え

男性の離婚事件を扱って感じることは、意外に男性は弱いということです。

男のプライドが邪魔をし、妻との問題を親や友人になかなか相談できないという人はたくさんいます。妻から離婚を告げられ「ダメ男」の烙印を押されたような気持ちになり、冷静な判断ができなくなる人もいます。

男は強くなければならないという意識と自分の弱い気持ちとの間で葛藤している人が多いように思います。逆に、女性は弱い被害者であることを隠す必要を感じないで済む分、離婚事件では強者になっているのかもしれません。このような男性特有の気持ちを理解して、男性の離婚事件を扱う弁護士はまだまだ多いとはいえないでしょう。

離婚事件は、その当事者の人生にとって、極めて大事なエポックであり、その一端を弁護士が担っているという意識が大切です。

「あの時は本当に辛くて、先生の事務所にどうやって行ったのかも覚えていなかったが、今は先生に頼んで本当に良かったと思っています。」と言われるようになるためには、法律論の研鑽はもとより、弁護士として、一人の人間としてのあり方が問われるでしょう。

本書の趣旨

　この本は、現在の離婚制度や実務が、今の時代の夫婦の実態に即しているとは必ずしもいえないなかで、離婚問題に直面した男性の立場から、その考え方と実務のポイントを解説したものです。

　弁護士が実務で使いやすいように内容を構成しましたが、項目ごとに論点を分け、その内容をイメージしやすいようそれぞれに具体的な質問を加えています。解説も一般の当事者でも理解いただけるように、なるべくわかりやすくまとめたつもりです。

　本書が、男性依頼者の離婚事件を苦手と考えていた弁護士の方々や、離婚事件そのものを苦手と考えていた弁護士の方々に参考にしていただければ幸いです。当然ですが、離婚事件の当事者は夫と妻です。そのため、夫の立場から離婚実務を考えることは、女性依頼者の代理人になった場合にも、夫側の考え方や戦略を理解するうえでも役に立つと思います。

　さらに、離婚に直面した男性自身にも是非お読みいただきたいのです。自分と同様の事例を知ることで、離婚問題を乗り越える一助になるのではないかと思います。男性は仕事や勉強と考えると課題に取り組める人が多いと思います。本書で、これは仕事、勉強と考えて離婚実務の知識を得ていただき、新しい人生の扉を開く杖としていただけると幸いです。

　本書は、学陽書房の齋藤岳大氏の貴重なご助言があって、はじめて産声を上げることができました。

　ここに心より感謝申し上げます。

　　平成29年2月

　　　　　　　　　　　　　　　　　　　　　　　　　　本橋　美智子

凡　例

○法令等の内容は平成 29 年 1 月 1 日現在公布のものによります。
○本文中［⇒］のある箇所については、関連事項を矢印の項目番号にて詳述しています。
○本文中、法令等及び資料は（　）内に、裁判例は【　】内にそれぞれ略記しています。以下の略記表を参照してください。
○より実務の参考に供するため、裁判例の紹介に著者執筆の判例解説を掲げます。表記中の（要約 1）とは、本橋美智子『新版　要約離婚判例』（学陽書房、2016 年）の項目番号 1 を指します。

略　記　表

■ 法　令

〈略記〉	〈正式〉
民	民法
民訴	民事訴訟法
家事	家事事件手続法
民執	民事執行法

〈法令以外〉

■ 判　決

最（大）判（決）	最高裁判所（大法廷）判決（決定）
高判（決）	高等裁判所判決（決定）
地判（決）	地方裁判所判決（決定）
家審	家庭裁判所審判
支判（審）（決）	支部判決（審判）（決定）

■ 判例集

民集	最高裁判所民事判例集
家月	家庭裁判月報
高民集	高等裁判所民事判例集
判時	判例時報
判タ	判例タイムズ

要約	本橋美智子『新版　要約離婚判例』(学陽書房、2016年)
■ 書　籍	
秋武ほか＝親権	秋武憲一監修、髙橋信幸・藤川朋子著『子の親権・監護の実務』(青林書院、2015年)
秋武＝調停	秋武憲一『新版　離婚調停』(日本加除出版、2013年)
近藤・西口＝親権	近藤ルミ子・西口元 編著『離婚をめぐる親権・監護権の実務』(学陽書房、2016年)
島津＝注釈（22）	島津一郎・阿部徹編『新版注釈民法（22）親族（2）離婚』(有斐閣、2008年)
家事事件・人事訴訟事件の実務	東京家事事件研究会編『家事事件・人事訴訟事件の実務』(法曹会、2015年)
審理の実情	東京家庭裁判所家事第6部編『東京家庭裁判所における人事訴訟の審理の実情〔第3版〕』(判例タイムズ社、2012年)
梶村＝調停	梶村太市『離婚調停ガイドブック〔第4版〕』(日本加除出版、2013年)
二宮＝家族法	二宮周平『家族法〔第4版〕』(新世社、2013年)
松原＝人事訴訟	松原正明編著『人事訴訟の実務』(新日本法規、2013年)
我妻＝親族法	我妻栄『親族法』(有斐閣、1961年)

目次

はしがき ... iii

第1章　離婚原因

1　子どもはいらないという妻と離婚できるか ... 2
協議離婚の努力／離婚調停の申立て／離婚訴訟における「婚姻を継続し難い重大な事由」の該当性／別居という手段

2　家事をせず、整理整頓ができない妻との離婚 ... 6
家事放棄は「婚姻を継続し難い重大な事由」に当たるか／妻の家事放棄等による婚姻破綻の主張・立証方法

3　妻の不倫が原因の離婚請求 ... 9
不貞行為の定義／不貞行為の立証方法／不貞行為の立証の程度／不貞行為の宥恕／妻および相手男性に対する慰謝料請求

4　夫の不倫がきっかけで別居した妻への離婚請求 ... 13
有責配偶者の離婚請求を認めた昭和62年の最高裁判決／離婚請求が認められる相当の長期間の別居とは／未成熟子の要件について／その他の考慮事情

5　妻からの精神的暴力・ハラスメント ... 17
妻の暴言、虐待、ハラスメント等の離婚原因／妻の暴言、虐待、ハラスメントの立証／妻に対する慰謝料請求

6　子どもが自分の子ではないとわかったとき ... 20
嫡出の推定／推定の及ばない子／推定の及ばない子ではなく、かつ嫡出否認の訴えの出訴期間を徒過している場合

| 7 | 妻が家を出たが、離婚はしたくない場合 | 24 |

破綻が認定される別居の期間／破綻が認定される別居期間の判断要素／別居の定義／別居期間中の夫婦の行動／別居期間中の子どもとの面会交流

| 8 | 夫の有責行為とされる離婚原因 | 28 |

経済的理由による離婚／有責行為となる経済的理由

| 9 | 妻からＤＶと主張された場合 | 31 |

ＤＶ防止法に基づく保護命令／離婚原因としての夫のＤＶ／夫のＤＶによる離婚

第２章　慰謝料

| 10 | 男性の立場から見た離婚慰謝料の性質 | 36 |

離婚に関する２種類の慰謝料／離婚慰謝料の性質／訴訟における離婚慰謝料請求の実情／離婚慰謝料についての学説

| 11 | 妻から高額の慰謝料を請求された場合 | 40 |

判例における離婚慰謝料の額／学説、解説書における離婚慰謝料の額／離婚慰謝料算定の考慮要素／妻から高額の慰謝料を請求された場合の対応

| 12 | 妻から不貞行為の相手女性に慰謝料を請求された場合 | 44 |

不貞の相手に対する慰謝料請求の理論／婚姻破綻後の不貞行為／慰謝料の算定要素および金額／相手女性の責任と夫の責任の関係

| 13 | 不倫した妻への慰謝料請求 | 48 |

妻に対する慰謝料請求／妻が支払うべき離婚慰謝料額／相手の男性に対する慰謝料請求

| 14 | いわゆるパートナーシップ関係の相手方への慰謝料請求 | 51 |

内縁の不当解消／内縁とはいえないパートナーシップ関係の場合／同性カップル等のパートナーシップ関係

第３章　財産分与

| 15 | なぜ財産を分けなければならないのか | 56 |

財産分与の性質／清算的財産分与の法的根拠

16 清算的財産分与の妻の寄与割合　　　　59
清算的財産分与の理論／妻の寄与割合は50％が原則／50％と異なる妻の寄与割合が認定された判例

17 共働きで十分な資産がある妻からの財産分与請求　　63
清算的財産分与の算定方法／共働き妻の寄与割合／具体的な財産分与の計算方法

18 妻への財産分与請求　　　　66
財産分与請求についての民法768条は強行規定か／夫婦財産契約による取決め／一部の財産が、財産分与対象財産とは認められなかった判例

19 扶養的財産分与　　　　70
扶養的財産分与の理論／扶養的財産分与を認めた判例／妻の扶養的財産分与の主張を排斥した判例／扶養的財産分与の金額および方法

20 妻が勝手に引き出した夫の預金　　　　73
婚姻費用算定の場合／財産分与算定の場合

21 夫の特有財産　　　　76
清算的財産分与の対象財産／夫の特有財産／夫の特有財産の維持等に妻の貢献があった場合

22 債務の分与　　　　79
債務の分与に関する調停実務の考え方／控除する債務——債務超過でない場合／債務超過の場合／財産分与の対象とならなかった不動産の処理

23 妻の借金　　　　82
日常家事債務の範囲／財産分与における妻の借金

24 退職金の財産分与　　　　84
既に支払われた退職金の財産分与／将来支払われる退職金

25 年金の財産分与　　　　87
年金分割に関する調停実務の考え方／按分割合を0.5とした判例／按分割合を0.5以下とした判例／企業年金等について

第4章　婚姻費用

26 別居した妻からの生活費支払要求 　　　92
　　婚姻費用分担義務の根拠／別居後の婚姻費用分担義務

27 婚姻費用の算定 　　　95
　　算定表における自営業者の収入の確定／特別事情

28 婚姻費用はいつまで支払わなければならないのか 　　　99
　　婚姻費用分担義務の終期／有責配偶者の婚姻費用請求

29 婚姻費用の変更 　　　103
　　婚姻費用変更の根拠／事情の変更の程度／事情変更の基準時

第5章　養育費

30 再婚した妻からの養育費支払請求 　　　108
　　養育費支払義務の根拠／養育費支払の程度／母が再婚した場合の養育費支払義務

31 養育費の算定方法 　　　111
　　算定表に基づく養育費の算定／算定表の概要／特別事情

32 全く会えない子の養育費を支払う義務はあるか 　　　114
　　養育費支払義務と面会交流との関係／離婚等の調停条項

33 大学に進学した子の学費や生活費の請求 　　　117
　　20歳を超えた子どもの学費、生活費等の請求方法／20歳を超えた子の養育費の支払義務／20歳を超えた子の学費・生活費の支払いに関する判例／20歳を超えた大学生の子に支払うべき養育費・扶養料の金額

34 養育費の減額請求 　　　121
　　養育費の減額事由／離婚の際に不相当に高額な養育費の合意をした場合／養育費の減額を認めた判例

第6章 子供の親権・監護権

35 子の親権・監護権とは何か … 126
親権とは何か／監護権とは何か／離婚後に子が母の再婚相手と養子縁組をする場合

36 父は子の親権者や監護者になれないのか … 129
親権者・監護者の判断基準／母親優位の基準から主たる監護者の基準へ／面会交流の許容性の基準

37 母を監護者、父を親権者にすることはできないのか … 132
子の監護者／監護者の権限／親権と監護権の分属に関する実務の考え方／親権と監護権の分属についての判例

38 面会交流を認めない母から親権者の変更はできるか … 135
親権者変更の判断基準／面会交流の拒否により父への親権者変更を認めた判例

39 離婚後に親権者である母が死亡した場合 … 138
親権者変更申立てについての学説／判例の動向／父への親権者変更の判例／母が遺言で後見人を指定した場合／父への親権者変更をするためには

40 離婚後、妻の交際相手が子を虐待している場合 … 143
親権喪失／親権喪失の判例／親権の停止／児童虐待防止法に基づく通告

41 妻が夫に無断で子を連れ別居した際にとるべき手段 … 148
共同親権者間の子の引渡請求／妻による子の連れ去りの違法性／父による子の引渡請求を認めた判例

42 父が親権者に指定されたが、妻が従わない場合 … 152
直接強制の方法／間接強制の方法／人身保護法に基づく子の引渡し

第7章 面会交流

43 親権・監護権を失った父は子どもに会えないのか　156
面会交流とは／面会交流の法的性質／面会交流についての基本的考え方

44 面会交流の調停・審判の実情　159
面会交流の権利性／面会交流の原則化／調停の実情／審判の実情

45 面会交流をうまく行うために　163
面会交流を拒否する妻の気持ち／面会交流をうまく行うために父が注意すべき点

46 面会交流の具体的な内容・条件　167
一般的な面会交流の条項／面会交流の回数／その他面会交流の実施にあたり検討すべき事項

47 子が面会交流を拒否する場合　170
子の意思の尊重および陳述の聴取／子が15歳未満の場合／子の拒絶を母の影響とした判例

48 ＤＶ夫とされた場合の面会交流　173
夫にＤＶ防止法に基づく保護命令が発令されている時／妻が夫の暴力を主張しているが、暴力の事実は認められない場合

49 妻の再婚相手と子が養子縁組した場合の面会交流　176
実務の考え方／再婚養子縁組事案の面会交流についての判例

50 面会交流をさせてくれない母への対応　180
履行勧告／間接強制／不法行為に基づく損害賠償請求

第8章 離婚手続

51 離婚手続の進め方と留意点　186
自分は離婚したいかどうか／離婚の条件を考える／離婚手続の方法を考える／離婚調停の申立て／離婚の話合いにおける注意点

52 妻が勝手に子の親権者を母と書いた離婚届　189
離婚意思の内容／協議離婚の無効／親権者指定協議の無効／親権者指定協議無効後の手続き

53 公正証書で離婚合意書を作る時の注意点　192
離婚合意の無効／高額な養育費／夫が有責配偶者である場合

54 離婚調停をうまく行うには　195
調停申立書の相手方への送付／手続説明／同席調停／議論ではなく説得を

55 離婚後の税金、手当等　198
配偶者控除及び配偶者特別控除（平成28年12月現在の制度）／扶養控除／家族手当／児童手当／児童扶養手当

第9章　国際離婚

56 日本人妻と離婚した外国人夫の在留資格　202
別居中の在留資格／在留資格の取消し／定住者の在留資格への変更

57 海外に子を連れていった妻との離婚手続　206
離婚訴訟の国際裁判管轄／離婚訴訟の準拠法／子の引渡しを求める場合

58 海外在住であった妻が夫に無断で子を連れ日本に帰国した場合　209
子の返還事由／監護権の侵害とされる連れ去り、留置の定義／親権者の指定等についての審判事件の取扱い

事項索引　213

第1章

離婚原因

1 子どもはいらないという妻と離婚できるか

結婚して8年になりますが、妻は上昇志向が強く、会社では同期の出世頭のようです。妻は、子どもは出世の妨げになるのでいらないと言っています。
私は、子どもがいない生活は考えられないので、妻と離婚して再婚したいと思います。離婚できるでしょうか。

> **考え方のPoint**
> 1 妻が離婚に承諾せず、裁判で離婚を請求するには、民法770条1項各号に定める離婚原因が必要となる。
> 2 妻が子どもをつくることを拒むことは、通常民法770条1項5号の婚姻を継続し難い重大な事由には該当しない。
> 3 離婚訴訟を提起する場合には、1号から4号の離婚原因を主張する場合でも、必ず5号の離婚原因も主張しておくことが必要である。

1 はじめに

　離婚の相談を受けるとよく感じることだが、相談に来る一般の人は、離婚原因について誤解をしていることが多い。
　協議離婚、調停離婚を問わず、民法770条1項各号の離婚原因がなければ離婚できないと考えているのである。
　特に、理屈好きの男性などは、調停の場で、調停委員に対して、妻の主張する離婚理由は、民法770条1項各号の離婚原因に当たらないと主張したり、妻の離婚申立ては、理由がはっきりしないので、まずその理由をはっきりさせるべきだなどと主張することがある。
　しかし、日本では、協議離婚が認められており、夫婦が離婚に合意しさえすれば離婚理由の有無や内容は一切問われない。相手に飽きてしまったというような理由であっても、夫婦が離婚を承諾すれば、離婚は有効に成立するのである。

また、調停においても、民法770条1項各号の離婚原因がない場合であっても、夫婦が離婚に合意すれば、離婚調停は成立する。したがって、民法770条1項各号の離婚原因には該当しないと考えられる場合であっても、離婚の意思が強い場合には、協議離婚、調停離婚を志向すべきことになる。

2　協議離婚の努力

　子どもをつくるかどうかは、人生観の問題であって、いずれが正当であるとはいえない。子どもをつくらずに夫婦がそれぞれに自己実現を図ることもあり得るし、子どもを産み育てることで、自分自身が成長することもある。戦後民法の婚姻観では、妻は子どもを産むべきであるとか、いわんや子どもが産まれないから離婚などということはあり得ない。したがって、妻が仕事を優先して子どもを産まないとしても、それは離婚訴訟において離婚原因としては認められない。

　しかし、子どもが欲しい夫にとっては、妻とのこの価値観の違いは、到底受け入れがたい場合もあるだろう。その場合には、妻との考え方の違いをよく話し合った上で、互いに譲歩できないのであれば、協議離婚という手段を取らざるを得ないだろう。そして妻へは、夫婦間において本質的な点での違いを抱えたままで、夫婦生活を続けることは、互いの人生にとって良くないこととわかってもらえるように説得をすべきであろう。

3　離婚調停の申立て

　妻と話合いをしても妻が離婚に応じない場合には、夫は離婚調停の申立てをすることになる。

　夫の離婚意思が変わらない場合には、一般的には、離婚調停の申立て前に、妻と別居する方が望ましいだろう。妻と同居しながら、離婚調停を行うのは、互いの精神的負担が大きいし、後述する婚姻破綻の認定にあっては、別居期間が重要な要素となるからである。

　別居に際しては、夫妻のどちらかがこれまで住んでいた自宅を出ることになるため、そこが問題となるが、妻が離婚に応じない場合には、妻が自宅を出ることはあまり期待できない。したがって、この場合には、転居費用や家

賃負担があるとしても、夫が自宅を出ることを決断すべきである。

夫が家を出て別居することによって、夫の離婚意思が固いということを妻に知らせる効果もある。

4　離婚訴訟における「婚姻を継続し難い重大な事由」の該当性

離婚調停によっても、妻が離婚に応じない場合、夫が離婚するには離婚訴訟を提起するしかない。

この場合には、民法770条1項各号の離婚原因が必要となる。

民法770条1項が定める離婚原因は以下のとおりである。

① 　配偶者に不貞な行為があったとき
② 　配偶者から悪意で遺棄されたとき
③ 　配偶者の生死が3年以上明らかでないとき
④ 　配偶者が強度の精神病にかかり、回復の見込みがないとき
⑤ 　その他婚姻を継続し難い重大な事由があるとき

このうち、訴訟で最もよく主張されるのは5号の「婚姻を継続し難い重大な事由」である。

民法770条1項5号の事由（以下、「5号事由」という）は、一般に、①当事者の離婚意思、②客観的事情から認定される。

そして、客観的事情は、別居、一方当事者の有責行為等によって判断される。

5　別居という手段

本事案のように、妻が子どもを望まないことは、妻の有責行為とはいえないので、5号事由該当性を主張するには、別居期間が長期に及んで、その間夫婦関係を修復する働きかけがなされていないことが重要となる。

どの程度の別居期間があれば5号事由が認められるかは、事案により一概にはいえないが、「第一審では、おおむね4年以上の別居があれば、その間に婚姻継続を希望する当事者側から働きかけがなかったことを破綻に積極的な事情として併せ評価し、実質的な婚姻破綻があったと判断している例がみ

られるのに対し、1、2年程度の別居では（控訴審では約3年の別居でも）、実質的な婚姻破綻の観点からは不十分な長さであると捉えられており、その他に積極的な事情（例えば、婚姻継続を希望する当事者の本人尋問の結果に顕れた反対当事者に対する嫌悪の情など）のない限り、実質的な婚姻破綻があったと判断していないように思われる。」（松原＝人事訴訟256頁）との指摘がある。

また、婚姻期間が比較的短い夫婦の場合には、別居期間が同居期間を超えていれば、5号事由が認められると思われる。

> **実務の注意点**
>
> 1　子どもをつくるかつくらないかは、夫婦にとって重大な問題であり、そのことについて夫婦の意見が異なる場合には、真摯に協議離婚の話をすべきである。
> 2　妻が離婚に応じない場合には、別居、調停申立て、離婚訴訟提起と段階を踏んで、事を進めるべきである。

2 家事をせず、整理整頓ができない妻との離婚

私の妻は専業主婦ですが、家事をほぼ放棄しています。掃除・洗濯・片付け・食事の準備ともほぼ私がしています。子どもの面倒も見ないため、いい加減愛想が尽きました。離婚したいのですが、認められますか？

> **考え方のPoint**
> 1 家事放棄等を理由とする離婚請求は、それが「その他婚姻を継続し難い重大な事由」に該当するかが問題となる。
> 2 最近の家裁実務は、妻の家事放棄や片付けられない妻に対しては、比較的寛容な傾向が見られる。
> 3 家事放棄等を理由に離婚請求をする場合には、その状態の主張に加え具体的な被害をも主張することが重要である。

1 はじめに

　学校教育では男女平等が徹底され、家庭教育においても、女性に家事のやり方を教えることは少なくなっている。また、学校卒業後ほとんどの女性が仕事をするようになり、結婚準備のために料理や洋裁を習うかつての花嫁修業は、死語に近くなっている。このような社会環境を反映して、結婚しても家事ができない女性は圧倒的に増えている。

　一方、学校での男女平等の家庭科教育の充実や男性も家事をすべきであるという意識の高まりから、家事が得意な男性も増えている。

　したがって、妻は家事が不得意だが夫は家事が得意なので、夫が家事をほとんどやるという夫婦の場合には問題は生じない。しかし、夫は基本的には家事は妻がやるべきであると思っており、妻が専業主婦にもかかわらず、家事ができない場合には、問題は特に深刻になる。

　特に、一部の女性の中には、家事が不得意という範囲を超えて、一種の病気とも思えるほど、家事や整理整頓ができず、家の中がカオス状態となって

いる人もいる。

　夫が妻の家事放棄等を到底容認できない場合には、妻に離婚を請求するしかないであろう。

2　家事放棄は「婚姻を継続し難い重大な事由」に当たるか

　1で説明したように、夫婦間の協議や調停で離婚が成立しない場合、離婚訴訟を提起することになる。その場合、家事放棄や整理整頓ができないことが、民法770条1項5号の離婚原因に該当するかが問題となる、「婚姻を継続し難い重大な事由」とは「一般に婚姻関係が深刻に破綻し、婚姻の本質に応じた共同生活の回復の見込みがないこと（婚姻関係の不可逆的な破綻）をいう。」と解されている（松原＝人事訴訟249頁）。

　個別の事由が、この5号事由に該当するかどうかは、裁判所の判断によるが、その判断基準として、①当事者の離婚意思、②別居の経緯、期間等の客観的事情が重視されている。

　したがって、妻の家事放棄や整理整頓ができないことを理由として離婚したい場合にも、妻と別居することが重要である。

　いくら、妻の家事放棄が耐えられないとしても、妻との同居生活が続いている場合には、5号事由の認定は難しいであろう。

3　妻の家事放棄等による婚姻破綻の主張・立証方法

　上記のとおり、家事放棄等の程度は、客観的にはなかなか判定できない。

　会社での仕事と家事との大きな違いは、家事には監督する上司等がおらず、また就業規則やマニュアルといった客観的判断基準がないことである。

　したがって、妻の家事能力は、妻によって極めて大きな差があり、家事評論家や料理教室の教師ができるレベルの妻から、ほとんど家事をしないどころか、家をごみ屋敷の状態にしている妻まで様々である。

　また、家事能力は、夫や子どもが妻の家事を受け入れていれば、客観的にはごみ屋敷であっても、それは問題とされない。

　そして、最近の家裁実務は、妻だけが家事をすべきであるとの考え方に立

っていないので、妻の家事放棄や片付けられない妻に対しては、比較的寛容な傾向が見られる。

したがって、夫が妻の家事放棄等を理由として離婚を求める場合には、少なくとも数か月間にわたり、家の中の写真を撮り、また食事の内容や家計費の金額、内容（洗濯をしないためにクリーニング代が高額になっている、食事を作らないためにガス代が極端に安い等の場合がある）等も具体的に立証する必要がある。

筆者の経験でも、夫が家の中の乱雑を極める写真を証拠として提出した例は少なくないし、これはかなり効果がある。

また、冷静に妻に家事をするように申入れをし、妻がこの申入れを無視したり、逆切れしたような場合には、その会話の録音の反訳書やメール、ＳＮＳ等のやりとり等を証拠として提出することも有効である。

実務の注意点

1　妻の家事放棄等だけで、5号事由と認めさせることは難しいので、離婚訴訟においては、家事放棄等の程度が著しく、到底妻との同居に耐えられず、その結果別居したという事情を具体的に主張・立証することが必要である。
2　妻が完璧に家事をすることが当然であるとの認識は、調停委員や裁判官には受け入れられないことが多いので、そうではなく、夫も可能な限り家事を行ったが、妻の家事放棄等の程度が著しく、到底婚姻生活を営めなかったというスタンスで主張・立証した方が良いであろう。

3

妻の不倫が原因の離婚請求

　妻が不倫をしていました。正直大変ショックを受けました。我慢なりません。妻とは離婚をしようかとも考えていますが、子どものこともあり悩んでいます。

> **考え方のPoint**
> 1　妻の不貞行為を離婚原因とする場合には、不貞行為の証拠が最も重要となる。
> 2　妻の不貞行為が立証できる場合には、離婚とともに妻及び相手方の男性への慰謝料請求ができる。
> 3　立証はできなくても、不貞行為を疑うに足る理由がある場合には、「婚姻を継続し難い重大な事由」が認められるケースが多い。

1　はじめに

　妻が、不貞行為をする事例が増えている。

　仕事を持つ妻が増え、妻が仕事を通じて夫以外の男性と親しくなることが多くなっている。また、近年は不貞行為を悪いことと考える道徳観も弱まっているといえよう。

　妻の不貞行為が疑われる場合には、まず、不貞行為の証拠をよく精査し、離婚訴訟や慰謝料請求訴訟において、裁判所が妻の不貞行為を認定するかどうかをよく検討することが重要である。

　妻の不貞行為を立証できると判断した場合には、次に夫の気持ちをよく聴いてみることが大切である。

　妻が不貞行為をしていても、妻への未練、世間体、子どもの養育などを考えて離婚を躊躇する夫も少なくない。

　夫が決断できない段階では、弁護士が結論を急ぐのは望ましくない。

　弁護士は、結婚生活を続ける場合の精神的な負担、夫婦生活を継続できるかなどいろいろな観点から、これまで扱った事例などを参考にして、夫と共に考え、夫自身が結論を出すことに助力することが必要である。

2　不貞行為の定義

　民法770条1項1号は、「配偶者に不貞な行為があったとき。」を、離婚原因と定めている。
　この不貞行為とは、判例では「配偶者のある者が、自由な意思に基づいて、配偶者以外の者と性的関係を結ぶことをいい、相手方の自由な意思に基づくものであるか否かは問わない」と解されており【最判昭和48年11月15日民集27巻10号1323頁】、実務上この点についてほぼ異論はない。
　したがって、強姦などによって自由意思に基づかないで性的関係を結んだ被害者は当然不貞行為には該当せず、上記最高裁判決の事案のように強姦の加害者は不貞行為に該当する。
　また、不貞行為は、性的関係を結ぶことを言うので、妻が男性と2人きりで飲食をしたり、メールやチャットなどで性的な話題を連絡していただけでは、不貞行為には該当しない。

3　不貞行為の立証方法

　不貞行為は、そもそも2人だけの密室で行われる性質のものであることから、その立証は難しい。
　訴訟で、よく提出される証拠としては、以下のようなものがある。
①　調査事務所の調査報告書
②　妻と相手の男性との間のはがき、手紙、メールやSNSなどのやりとり
③　妻と相手の男性が利用したと思われるホテル、レストラン、バーなどのレシート、クレジットカードの利用明細書など
④　妻と相手の男性が旅行した際などの写真、航空券の予約表や利用明細書
⑤　妻の日記や手帳の記載など

　①を除くと、上記のうち1つの証拠では不貞行為の立証はなかなか難しく、少なくとも複数が必要となる。
　これまで仲の良かった夫婦であれば、夫は、妻の態度や行動パターンが変化したことに気付くと思われる。そして、妻の行動をよく観察していれば、

上記のような証拠を入手することも可能になる。

　また、①の調査事務所への依頼は、調査費用がかなりかかるので、依頼する場合にも漠然と依頼するのではなく、妻の行動パターンなどできるだけ具体的な情報を提示することが望ましい。

4　不貞行為の立証の程度

　よく巷間で言われているのは、1回の不貞行為では、離婚原因としては不十分で、少なくとも2回以上の不貞行為の立証が必要だということである。

　上記のとおり、不貞行為の定義には回数は含まれていないので、理論的には、1回の不貞行為でも離婚原因に該当するが、通常1回だけの不貞行為は稀であることから、1回だけの不貞行為では、裁判所が不貞行為を認定しないおそれがあるといえよう。

　したがって、離婚原因としての不貞行為は、少なくとも数か月間くらいの継続や複数回の不貞行為の立証が必要と考えた方が良いだろう。

　一方で、不貞行為の立証はできなくても、不貞行為を疑うに足る理由がある場合には、「婚姻を継続し難い重大な事由」が認められるケースが多い。

　【東京高判昭和47年11月30日判時688号60頁】は、夫と相手女性との肉体関係を認定するに足る的確な証拠はないとしながら、妻が夫とその女性との関係に払拭しがたい疑念を抱いており、その疑念を持つのは自然であるあること、夫がその女性との交際を継続していること等から、婚姻を継続しがたい重要な事由があるとして、妻の離婚請求を認めている。

5　不貞行為の宥恕(ゆうじょ)

　妻が家を出て1、2か月他の男性宅で同居した後、やり直すつもりで家に帰り、夫は、妻が謝罪したこともあって、妻の不貞行為を宥恕する意思を表明し、その後4、5か月は、夫婦生活も復活した。しかし、夫が、妻の以前の男性関係を責めたこと等から、妻は、家を出て夫に離婚訴訟を提起した事案について、一審は、妻の離婚請求を棄却したが、控訴審は、以下のように述べて妻の離婚請求を認容した【東京高判平成4年12月24日判時1446号65頁】。

「旧民法814条2項、813条2号は、妻に不貞行為があった場合において、夫がこれを宥恕したときは離婚の請求を許さない旨を定めていたが、これは宥恕があった以上、再びその非行に対する非難をむし返し、有責性を主張することを許さないとする趣旨に解される。この理は、現民法の下において、不貞行為を犯した配偶者から離婚請求があった場合についても妥当するものというべきであり、相手方配偶者が右不貞行為を宥恕したときは、その不貞行為を理由に有責性を主張することは宥恕と矛盾し、信義則上許されないというべきであり、裁判所も有責配偶者からの離婚請求とすることはできないものと解すべきである。」

この判旨には賛成ではあるが、妻の不貞行為を知って、揺れ動き悩んだ夫の心情を考えると、真に夫が妻の不貞行為を宥恕したかについては疑問がある。実務上は、このような判例もあることを念頭において、夫の意思を確かめるべきであろう。

6　妻および相手男性に対する慰謝料請求

妻の不貞行為の立証ができる場合には、妻に対する離婚および慰謝料請求訴訟と同時に、又はその前に、相手の男性に対する慰謝料請求をすることが可能である。相手の男性に対する慰謝料請求をするかどうか、する場合には、妻に対する離婚交渉、調停、訴訟の前にするか、同時にするかを検討しなければならない。

妻との離婚意思が固まっている場合には、同時に行ってよい場合が多いが、妻との離婚について決断がつかない場合には、まず相手の男性に対する慰謝料請求訴訟を提起することを検討すべきであろう。

相手の男性に対する慰謝料請求訴訟を提起したことによって、妻がどのような態度をとるかを確認することで、離婚の判断材料が得られることが多い。

> **実務の注意点**
> 1　不貞行為の証拠をまず入念に検討することが重要である。
> 2　妻の不貞行為を知った夫は、精神的に打撃を受けているので、離婚に踏み切るかどうか、丁寧に話を聴き依頼者と一緒に考える姿勢が大切である。

4 夫の不倫がきっかけで別居した妻への離婚請求

妻と別居をして8年になります。妻は私の不倫が原因で家を出ました。今はその不倫相手と一緒に暮らし、子どももできました。私の身勝手が原因とはわかっていますが、妻に離婚を承諾してもらいたいです。

考え方のPoint
1 有責配偶者の離婚請求は、別居期間が最も重要なメルクマールとなる。
2 離婚請求が認められるには、婚姻同居期間が別居期間より長い場合には、少なくとも5年の別居期間は必要であろう。
3 別居期間中の夫の婚姻費用の負担状況や慰謝料、財産分与等の離婚条件も判断材料となる。

1　はじめに

　夫が妻以外の女性と不貞行為をなし、その結果夫婦関係が悪化し、夫が離婚を望むケースは少なくない。
　いわゆる有責配偶者の離婚請求の問題である。
　判例上有責配偶者の離婚請求が問題となった事案は、ほとんど夫が妻以外の女性と不貞行為をした後別居して離婚を求めるケースである。
　有責配偶者の離婚請求を認める最高裁判決が出てから、有責配偶者の離婚請求の判例はかなり多いが、離婚請求を認める具体的要件は必ずしも一致していない。
　特に、婚姻期間が20年、30年の長期に及んでいる夫婦の場合に、どの程度の別居期間があれば有責配偶者の離婚請求が認められるかについては、事案によって異なり、判断が難しいため、判例の動向等を事前によく依頼者に説明することが大切である。

2 有責配偶者の離婚請求を認めた昭和 62 年の最高裁判決

　別居期間が 36 年に及び、夫は他の女性との間に 2 人の子どもをもうけて認知していた事案について、最高裁大法廷は初めて離婚を認める判断をした【最大判昭和 62 年 9 月 2 日民集 41 巻 6 号 1423 頁（要約 9）】。

　この最高裁判決は、「有責配偶者からされた離婚請求であっても、夫婦の別居が両当事者の年齢及び同居期間との対比において相当の長期間に及び、その間に未成熟の子が存在しない場合には、相手方配偶者が離婚により精神的・社会的・経済的に極めて苛酷な状態におかれる等離婚請求を認容することが著しく社会正義に反するといえるような特段の事情の認められない限り、当該請求は、有責配偶者からの請求であるとの一事をもって許されないとすることはできない」と判示して、初めて有責配偶者からの離婚請求が認められることを明らかにした。

3 離婚請求が認められる相当の長期間の別居とは

　昭和 62 年の最高裁判決後、有責配偶者の離婚請求に関する多くの判例が出ているが、特に別居期間の長さについての重要な判例を挙げる。
(1) 有責配偶者の離婚請求を認めた判例
　① 【最判平成 2 年 11 月 8 日判時 1370 号 55 頁（要約 11）】
　控訴審口頭弁論終結時において、23 年余の同居期間、約 8 年の別居期間で、2 人の子は成人に達している事案について、夫（52 歳）から妻（55 歳）に対する離婚請求を認めた。
　② 【東京高判平成 14 年 6 月 26 日判時 1801 号 80 頁】
　控訴審口頭弁論終結時において、27 年 9 か月の婚姻期間、うち 5 年 11 か月の別居期間で、長男は社会人、二男は大学 4 年生の事案について、離婚請求を棄却した一審判決を破棄して、夫からの離婚請求を認めた。
　なお、この事案では、控訴審は、破綻の有責性は必ずしも夫のみにあるものではない、仮に婚姻関係破綻についての有責性が夫にあるとしても、判例上要求されるところの各要件に照らし、離婚請求は認められるべきであると述べており、必ずしも有責配偶者の離婚請求の事案とはいえない。

また、妻が語学の能力を活かして就業中であることも考慮している。
(2) 有責配偶者からの離婚請求を認めなかった判例
　① 【最判平成元年3月28日家月41巻7号67頁（要約10）】
　控訴審口頭弁論終結時において、婚姻届後の同居期間約26年、8年余りの別居期間で、4人の子のうち3人は成人に達し、第4子も19歳の事案について、夫から妻に対する離婚請求を棄却した。
　② 【仙台高判平成25年12月26日判タ1409号267頁】
　控訴審口頭弁論終結時において、同居期間約18年6か月、別居期間9年4か月で、二男が大学生である事案について、夫（52歳）から妻（51歳）に対する離婚請求を棄却した。
　この事案においては、妻がうつ病に罹患して思うように稼働できないこと、夫が相当程度の収入を得ながら確定審判によって支払いを命ぜられた婚姻費用の支払いをせず、給与の差押えをされたことが考慮されている。
　このように、婚姻期間が20年、30年に及んでいる夫婦の場合に、有責配偶者からの離婚請求が認められるには、少なくとも5年以上の別居期間は必要で、上記仙台高判のように、9年4か月の別居期間であっても、離婚請求が認められないこともある。
　他方、婚姻期間が数年と短い夫婦の場合には、少なくとも同居期間と同程度ないしこれより長い別居期間があれば、相当長期の別居と言える。

4　未成熟子の要件について

　前記昭和62年の最大判は、一般的には、有責配偶者からの離婚請求を認容する場合の3要件を示したと解されている。
　しかし、その後、その3要件のうち未成熟子の不存在の要件は、有責配偶者の離婚請求を認める要件とはいえないとする判例も出ている。
　【最判平成6年2月8日家月46巻9号59頁（要約16）】は、控訴審口頭弁論終結時において同居期間15年、別居期間14年で4人の子のうち3人は成人に達しており、三男が高校2年生の事案について、「有責配偶者からされた離婚請求で、その間に未成熟の子がいる場合でも、ただその一事をもって右請求を排斥すべきものではなく、前記の事情を総合的に考慮して右請求が信義誠実の原則に反するとはいえないときには、右請求を認容すること

ができると解するのが相当である。」と判示して、夫の離婚請求を認容した原判決を維持している。

要件論は別として、未成熟子がいる場合であっても有責配偶者の離婚請求が認められることがあると解するべきであろう。

未成熟子の定義については、「一人では生活能力がない子」と解されており、少なくとも高校生の子は未成熟子と見られ、大学生の場合には22歳までは未成熟子と見ることがある（阿部潤「「離婚原因」について」東京弁護士会弁護士研修センター運営委員会編『平成17年度専門弁護士養成連続講座　家族法』21頁（商事法務、2007年））とされる。

5 その他の考慮事情

前記最大判の「相手方配偶者（筆者注：妻）が離婚により精神的・社会的・経済的に極めて苛酷な状態におかれる等離婚請求を認容することが著しく社会正義に反するといえるような特段の事情」としては、以下のような事情が考慮されている。

① 妻の年齢、健康状態
② 妻の仕事の有無や収入、資産
③ 別居期間中の夫の婚姻費用分担の状況
④ 離婚の際の慰謝料、財産分与

したがって、夫としては、離婚するためには、少なくとも別居期間中に、きちんと婚姻費用を分担しておくことは重要である。

また、婚姻費用額について争いがある場合には、婚姻費用分担の調停、審判によって、適正な金額を決めておくことも大切である。

実務の注意点

1　有責配偶者である夫が離婚を希望している場合には、別居期間の長さ、別居期間中の行動等について事前によく説明をしておくことが大切である。
2　夫が有責配偶者であることが明白な場合には、離婚調停や離婚訴訟でいたずらに妻の婚姻期間中の行動を非難することは、逆効果となることがある。離婚を認めさせるには、妻の立場に立って妻の離婚後の生活の目途などを検討することが必要である。

5

妻からの精神的暴力・ハラスメント

1章 離婚原因

妻から罵られる日々を過ごしています。子どもの前、私の両親の前を問わず「ほんとダメな奴だ」「バカ親父」などと罵倒されています。体調がおかしくなり心療内科へ通ったところうつ病と診断されました。原因は妻だと思います。もう耐えられません。妻から慰謝料を取って離婚できますか？

> **考え方のPoint**
> 1　妻の夫に対する暴言等を原因として離婚請求する場合には、その行為を、具体的に主張・立証できるかがポイントになる。
> 2　精神的打撃は、心療内科や精神科の診断書等により立証することが大切である。
> 3　妻の夫に対するハラスメントの判例は少ないが、職場や学校におけるハラスメントの判例が参考になる。

1　はじめに

　これまでは、夫婦間の暴言、虐待等の主張は、夫の妻に対する暴言、虐待等が圧倒的に多かった。

　しかし、働いて経済力がある妻が増え、男女の賃金格差も縮小してきており、そのような女性の社会的経済的な地位の向上が、家庭内における夫婦間の力関係にも影響を与えてきているといえる。そのため、最近では家庭内における妻の暴言や虐待に悩む夫も増えてきている。

　だが、一般には、ＤＶ等の被害者は女性という考えがまだ強いため、女性は被害を訴えやすい。一方で、男性が被害を訴えることは、男性自身にも羞恥心や抵抗感がある。そして、警察や裁判所においても男性の被害を軽く見る傾向がある。

　したがって、妻の暴言、虐待、ハラスメント等を原因として離婚の主張をする場合には、まずその事実を明確に主張・立証することが重要になる。

2　妻の暴言、虐待、ハラスメント等の離婚原因

妻の夫に対する暴言や虐待、ハラスメント等は、妻の有責行為であり、これは民法770条1項5号の事由を認定する重要な事情となる。【東京高判昭和58年8月4日判時1091号89頁】の事案は、以下のとおりであった。

妻は、商社に勤務する夫の帰宅が遅いこと等から「控訴人（筆者注：夫）が夜風呂から上ってベランダに出ている間に内側からガラス戸の鍵を全部閉めて家に入れないようにし、一晩中タオルを持っただけの裸でベランダに放置したり、控訴人に対し遅く帰ってやかましい、酒のにおいが不愉快であると言って長さの不十分な子供用二段ベッドで就寝することを強制したり、控訴人の背広やネクタイを鋏で切ったり、寝ている控訴人にペーパーナイフを持って襲いかかり控訴人の腕や額に軽傷ではあるが傷をつけたり、控訴人に水、みそ汁、ミルクの類をかけたりするようにまでなった。」。また、妻は、夫の勤務先の上司に「商社は家庭を破壊する。犯人は会社である。」と主張して、当時著名であった中絶禁止法に反対しピル解禁を要求する女性解放連合（中ピ連）に応援を求め、週刊誌にも掲載され、夫は会社を退職した。

高裁は、婚姻破綻の一半の原因は、妻の夫への「仕事の内容、繁忙さに対する無理解な態度、前記控訴人に対する異常、冷酷ともいうべき虐待にあったものと認められ、控訴人が右破綻の主たる有責当事者であるとは認められない。」として、夫の離婚請求を認めた。

3　妻の暴言、虐待、ハラスメントの立証

妻の暴言、虐待、ハラスメント等が、家庭内で日常的に行われている場合には、その日時、暴言等の内容についての夫の記憶が明確ではなく、その証拠がない場合が少なくない。特に、暴言についてはハラスメントと同様に、どのような表現で言われたかが重要であるから、抽象的に日々暴言を吐かれたというだけでは、主張としても不十分となる。よって、妻の暴言等については、その会話の録音がかなり決定的な証拠となることが多い。

また、妻の暴言等によって精神的に多大な打撃を受けたことは、心療内科や精神科を受診して、診断書等により立証することが大切である。

なお、事実認定、損害額の立証等については、妻の夫に対するハラスメン

トの判例は少ないが、職場や学校におけるハラスメントの判例が参考になる。

【福岡高判平成 20 年 8 月 25 日判時 2032 号 52 頁（長崎海上自衛隊事件）】は、パワーハラスメントの事案について「他人に心理的負荷を過度に蓄積させる行為は、原則として違法であるというべきであり…例外的に、その行為が合理的事由に基づいて、一般的に妥当な方法と程度で行われた場合には、正当な職務行為として、違法性が阻却される場合がある」としている。

夫婦間のハラスメントにおいては、正当な職務行為という概念はないので、夫婦という親密な関係をどう見るかについては見解の違いがあると思うが、原則として、夫に心理的負荷を過度に蓄積させる行為は、違法性があるといえるだろう。

4　妻に対する慰謝料請求

妻の暴言、虐待、ハラスメント等の行為によって、婚姻が破綻して離婚となる場合には、妻に対し離婚慰謝料を請求することが可能である。この場合も、上記の離婚原因と同様に、妻の暴言等の立証がポイントとなる。

また、妻の暴言等によりうつ病等の精神疾患に罹患し、通院や入院を余儀なくされた場合には、離婚慰謝料とは別に、暴言等の個々の不法行為による慰謝料、医療費、逸失利益等の損害賠償請求をすることもあり得る。

この場合の損害額は、交通事故による慰謝料、逸失利益等の損害額に準じて算定することになろう。なお、離婚慰謝料と婚姻中の個々の不法行為による慰謝料とは、別の訴訟物と考えられている。

> **実務の注意点**
>
> 1　妻の婚姻中の暴言、虐待、ハラスメント等を原因とする離婚請求をするには、暴言等の内容を具体的に詳しく聴き取り、その立証ができるかがポイントとなる。
> 2　夫が妻の暴言等による婚姻破綻を主張すると、妻側も夫の暴言や夫の無理解、労働意欲がないこと等の原因を主張することがよくある。
> 　このような場合には、裁判所は、夫婦のいずれに婚姻破綻について主な責任があるとは認定しなくても、婚姻破綻自体は認め、夫の離婚請求を認める可能性が高くなる。

1 章　離婚原因

6 子どもが自分の子ではないとわかったとき

妻が産んだ子どもの血液型が、生物学的に私と妻からは生じない型でした。妻を問い詰めたところ、私の子どもではないことがわかりました。妻とは離婚をしようと思いますが、離婚以外に必要なことはありますか？

> **考え方のPoint**
> 1 夫が嫡出否認の訴え又は親子関係不存在確認の訴えを提起することになる。
> 2 夫が子の出生を知った時から1年を経過している場合には、推定の及ばない子であることを主張して、父子関係不存在の調停申立てをすることになる。
> 3 子が夫の子でないことについて、妻、実の父との間に争いがない場合には、父子関係不存在の合意に相当する審判がなされる可能性がある。

1 はじめに

　結婚中に妻が妊娠、出産した子が、自分の子ではないのではないかと夫が疑念を抱くことは少なくない。その場合に、妻にきちんと問い正す夫もいるが、疑念を抱いたまま時間が過ぎ、妻との離婚問題が出てからやっと疑念を口にする夫もいる。

　子が産まれてから時間が経って、社会生活上の父子関係が出来上がってから、その子と血縁上の父子関係がないことが判明した場合には、法律論以前に、子の気持ちや将来を考えて、対応に非常に苦慮することになる。

　子が自分の子でないことを知った上で、子への悪影響を避けるために妻との婚姻をそのまま続けるとの選択もあり得るだろう。

　また、妻と離婚する場合に、子どもの親権を夫が望む場合も稀にはあり得る。

　いずれにしても極めて困難な選択をしなければならないので、弁護士は法

律論のみならず、1人の人間として夫と共に悩む気持ちが大切である。

2　嫡出の推定

　妻が婚姻中に懐胎した子は、夫の子と推定され、（民772条1項）、婚姻成立の日から200日後又は婚姻の解消若しくは取消しの日から300日以内に産まれた子は、婚姻中に懐胎したものと推定される（同条2項）。

　このような嫡出の推定を受ける子との父子関係を否定する場合には、嫡出否認の訴えを提起することになる（民774条）。

　嫡出否認の訴えの原告は夫、被告は子又は親権を行う母である（民775条）。嫡出否認の訴えは、夫が子の出生を知った時から1年以内に提起しなければならない（民777条）。嫡出否認の訴えの出訴期間を経過すると、嫡出否認の訴えによっては、父子関係の不存在を主張することができなくなる。

3　推定の及ばない子

　形式的には、民法772条の嫡出推定の要件に該当する場合であっても、一定の事情がある場合には、民法772条の嫡出推定が及ばないため、嫡出否認の訴えによらず、親子関係不存在の訴えを提起することができる。このような場合を「推定の及ばない子」と呼んでいる。

　上記のように、嫡出否認の訴えの出訴期間を経過した場合は、推定の及ばない子であることを主張して、父子関係不存在の調停申立てをすることになる。

　それでは、どのような場合に、推定の及ばない子といえるかについて、①【最判平成26年7月17日判タ1406号59頁】、②【最判平成26年7月17日判タ1406号67頁】は、以前からの判例を踏襲して外観説をとり、「妻がその子を懐胎すべき時期に、既に夫婦が事実上の離婚をして夫婦の実態が失われ、又は遠隔地に居住して、夫婦間に性的関係を持つ機会がなかったことが明らか」な場合としている。

　そして、①の判決は、ＡＢ夫婦が同居中で、夫婦の実態が失われていない状態で妻Ｂが出産し、夫ＡがＡＢ間の長女とする出生届を提出した子Ｃにつ

いて、ＡＢの離婚後にＣ側で私的に行ったＤＮＡ検査の結果によれば、Ｂの再婚相手であるＤがＣの生物学上の父である確率が99.999998％であるとして、子の出生から約2年後に、Ｃの法定代理人ＢがＡＣ間の親子関係不存在確認の訴えを提起した事案について、「夫と子との間に生物学上の父子関係が認められないことが科学的証拠により明らかであり、かつ、夫と妻が既に離婚して別居し、子が親権者である妻の下で監護されているという事情があっても、子の身分関係の法的安定を保持する必要が当然になくなるものではないから、上記の事情が存在するからといって、同条（筆者注：民法772条）による嫡出の推定が及ばなくなるものとはいえず、親子関係不存在確認の訴えをもって当該父子関係の存否を争うことはできない」として、妻が子の法定代理人として提起した訴えを却下した。

なお、この判決には、2名の裁判官の反対意見がある。

4 推定の及ばない子ではなく、かつ嫡出否認の訴えの出訴期間を徒過している場合

このような場合であっても、夫又は妻が親子関係不存在確認の調停申立てをなし、夫、妻および実の父との間で、子の父が夫でないことについて合意があり、またＤＮＡ鑑定等によってもそれが裏付けられる場合には、親子関係不存在の合意に相当する審判（家事277条）が下されることが多かった[1]。

しかし、上記平成26年の最高裁判決後、このような場合にも合意に相当する審判が下されるかは、流動的になっている。

なお、最高裁調査官は、この最高裁判決は、「民法772条の推定要件を満たす子について親子関係不存在確認の訴えが適法となるか否かの判断を示したものであり、そのような子について親子関係不存在確認に係る家事事件手続法277条の合意に相当する審判が適法となるか否かについては何も言及していない。上記の合意に相当する審判が適法となる場合と上記の訴えが適法となる場合とが完全に一致するのか否かについては将来に残された課題であると思われる。」と述べている（飛澤和行「時の判例」ジュリスト1474号113頁（2015年））。

しかし、松原正明教授は、家裁実務における合意に相当する審判が「すべて合意説的に運用されているわけでないことは確認しておく必要がある。最

高裁判例として確立している外観説による運用による審判例も少なくない。」
(松原正明「判批」家庭の法と裁判3号117頁（2015年））と述べている。

> **実務の注意点**
>
> 1　子が他の男性の子であることがわかった場合に、通常は妻と離婚をすることになろう。しかし、子との父子関係は、嫡出推定の及ぶ子で、嫡出否認の訴えの出訴期間を徒過している場合には、否定できないことになる。
> 2　このような場合、父に離婚後の子の養育費支払い義務があるか等の法的問題も存する。妻が子の実の父と同居して、子の養育をすることを希望している場合には、実務的には、親子関係不存在の合意に相当する審判を得られるように検討すべきであろう。

1)　矢尾和子・船所寛生「調停に代わる審判の活用と合意に相当する審判の運用の実情」法曹時報66巻12号3394頁（2014年）は「別居の事実が認められない事案において、母、子及び母の夫との間で、子の父が夫ではないとの事実関係に争いがなく、合意に相当する審判を受けることに合意している場合に、合意に沿った審判をするいわゆる合意説ないしこれに近い扱いがされた例も報告されている」として、実務において合意説的取扱がなされていることを指摘している。

7 妻が家を出たが、離婚はしたくない場合

仕事から戻ったら、妻が子どもを連れて家を出ていました。その後妻の代理人弁護士から通知が来て、そこには妻は離婚を考えているので、今後はその弁護士に連絡するようにと書いてありました。私に至らない点があったのだとは思いますが、妻には考え直してもらいたいです。離婚を避ける方法はありませんか？

> **考え方のPoint**
> 1 夫に有責性がない場合には、別居期間が婚姻破綻の極めて重要な判断要素になる。
> 2 ５年程度の別居期間が、婚姻破綻を認定する目安になっている。
> 3 夫が離婚したくない場合、別居期間中の夫の行動が重要である。

1 はじめに

　夫に不貞行為やＤＶなどの有責行為はないが、妻が離婚を希望して家を出て別居し、離婚を請求する事案は少なくない。夫が離婚したくない場合、別居期間中に夫がどのような行動をとるかが、離婚の成否を決める重要な要素になる。

　妻が勝手に家を出たことに怒り、妻の親や妻の友人に怒りをぶつけたり、子どもを無理やり連れ戻そうとする夫も少なくないが、これは最も悪い対応で、むしろ離婚を早める結果になることが多い。夫は、できるだけ早期に弁護士に相談して、弁護士のアドバイスを受けて、妻の気持ちを配慮しながら、夫婦関係を修復する方法を探ることが重要である。

　妻が離婚の気持ちを固めると、家を出る前から、弁護士に相談して、家を出る時期、転居先の住所を秘匿すること、離婚の話合いや調停申立ての時期・方法を決めていることも少なくない。

　一方、夫は、妻のこのような行動を全く知らずに、ある日仕事から家に帰ってみると、家はもぬけの殻で、「私の行方は探さないでください。後のこ

とは弁護士にすべて頼んでありますので、弁護士に連絡してください。」と書かれた手紙がリビングのテーブルに置かれていたというケースもある。

このような場合には、妻を翻意させることは非常に難しいが、それでもできるだけ冷静に粘り強く、妻の気持ちを変えるように努力することである。

2　破綻が認定される別居の期間

　法律上、別居期間が、婚姻破綻を認定する極めて重要な要素であることは異論がない[1]。どの程度の別居期間があれば婚姻破綻が認定されるかについては、一概にはいえないが、1996年に法制審議会が決定した「民法の一部を改正する法律案要綱」（改正要綱）が、「夫婦が5年以上継続して婚姻の本旨に反する別居をしているとき。」を新たな離婚原因としたことが契機となって、その後実務では別居5年が婚姻破綻を認める目安となってきている。

　田中寛明判事は、最近の裁判例を検討した結果「第一審では、おおむね4年以上の別居があれば、その間に婚姻継続を希望する当事者側からの働きかけがなかったことを破綻に積極的な事情として併せ評価し、実質的な婚姻破綻があったと判断している例がみられるのに対し、1、2年程度の別居では、（控訴審では約3年の別居でも）、実質的な婚姻破綻の観点からは不十分な長さであるとして捉えられており、その他に積極的な事情（例えば、婚姻継続を希望する当事者の本人尋問の結果に顕れた反対当事者に対する嫌悪の情など）のない限り、実質的な婚姻破綻があったと判断していないように思われる。」と述べている（松原＝人事訴訟256頁）。

　著者の実感では、一審の方が控訴審より短い別居期間で婚姻の破綻を認める傾向にあり、また、地域による差、すなわち大都市では比較的短期の別居期間で婚姻の破綻を認める傾向、があると思う。

3　破綻が認定される別居期間の判断要素

　破綻とされる別居期間の認定にあたっては、同居期間との対比、夫婦の年齢、職業が最も考慮される要素であると思われる。特に、婚姻同居期間との対比が重要で、別居期間が同居期間を超えているような場合には、たとえ、別居期間が5年に達していなくとも、破綻が認められるだろう。

他方、同居期間が20年、30年の夫婦の場合には、別居期間が5年以上であっても、破綻が認められない場合がある。

4 別居の定義

婚姻破綻の判断要素となる別居とは、改正要綱が定めるように「婚姻の本旨に反する別居」である。したがって、夫が単身赴任で別居している場合や子どもの学校の必要から別居している場合などは、通常婚姻破綻の別居には該当しない。訴訟では、よく家庭内別居が婚姻破綻の別居として主張されることがある。しかし、そもそも家庭内別居の定義はあいまいであり、単に寝室を別にしていることや、夫婦で一緒に食事をしない、会話がほとんどないなどの事情では、通常、婚姻破綻の別居とは認められないだろう[2]。

5 別居期間中の夫婦の行動

別居期間に加えて、別居期間中の夫・妻の態度も、婚姻破綻認定の要素になっている。婚姻破綻を認める方向に働く事情としては、①別居期間中に、被告の夫が妻に婚姻費用を支払っていないこと、②別居期間中に、被告の夫が婚姻修復の努力をしていないこと、③別居期間中に、被告の夫が事前の合意なしに、子どもに会ったり、妻の家を訪問するなど身勝手な行動をとったことなどが挙げられる。したがって、離婚を希望しない夫としては、別居期間中に、妻の気持ちをよく考えて、妻との関係修復の努力をすることが重要である。

特に、別居期間中に妻に婚姻費用を支払い、面会交流やメール・手紙等を通じて、節度を持って妻や子どもとの交流を図っていくことが大切である。

婚姻費用の分担については、できれば妻から婚姻費用分担の調停申立てをされる前に、算定表を参考にし、あるいは弁護士と相談の上で、妥当な額の婚姻費用を妻に振り込むことが重要である。

6 別居期間中の子どもとの面会交流

別居期間中であっても、子どもと会って父親として教育をしたり愛情を示

すことが、子どもにとっても父親にとっても大切なことはいうまでもない。

しかし、突然家を出た妻は、夫と子どもとの面会交流に消極的なことが少なくない。夫と連絡をとることが苦痛だったり、子どもを通じて自分の情報が夫に伝わることを嫌ったりすることなどが理由としてある。更に、子どもを自分の所有物のように考えている妻もいる。

このような場合、夫が家庭裁判所に面会交流の調停申立てをすることが通常であるが〔⇒44〕、家庭裁判所の面会交流の調停は時間がかかり、調停の間に夫婦間の溝が更に深まる可能性も高い。したがって、夫としては、面会交流の調停申立てをする前に、できるだけ自然に子どもとの交流を図ることを考えるべきである。

子どもの誕生日やクリスマスに、手紙やプレゼントを送ることは望ましいし、子どもの学校行事や習い事にも可能であれば参加した方が良い。

別居期間中に、妻が夫に子どもとの面会交流を認めていないことが、婚姻破綻の認定にどのように影響するかは、未だ確定していない。しかし、少なくとも妻が調停や審判で決定した子どもとの面会交流を拒否していることは、妻の有責行為として、斟酌すべきであろう。

> **実務の注意点**
> 1　夫が妻と別居しているが離婚を希望していない場合、弁護士としては、いたずらに夫婦間の紛争を拡大しないように配慮することが大切となる。
> 2　別居期間中の婚姻費用の支払いや、子どもとの面会交流の実施は、できるだけ当事者が自主的に行うようにアドバイスをすることが望ましい。

1）　島津＝注釈（22）582頁は「別居の有無およびその長短は、『婚姻を継続し難い重大な事由』の有無を判断するにあたって考慮されるべき重要な事情の１つであること、及び別居が長期化していればいるほど婚姻は破綻していると認めやすいことは、疑いのないところであろう」と述べている。
2）　阿部潤判事は、不貞行為の相手方に対する損害賠償請求における、被告の婚姻破綻後の不貞行為であるとの主張に関してではあるが、「よく、『家庭内別居』という主張がありますが、二世帯住宅や外国のような広い敷地に離れがあるなどというのでないのですから、通常の家屋の中で生活していて、顔を会わせたくないという心情をいっているにすぎず、客観的には、立派な婚姻同居生活であることがほとんどです。」と述べている（阿部潤「「離婚原因」について」東京弁護士会弁護士研修センター運営委員会編『平成17年度専門弁護士養成連続講座　家族法』27頁（商事法務、2007年））。

8 夫の有責行為とされる離婚原因

突然妻から離婚を切り出されました。私はいわゆるブラック企業に勤めており、長時間残業は当たり前、休みもほとんど取れず、たまの休みは疲れて1日中寝ています。給料も高いとは言えません。妻はそれが不満で、別れる原因はあなただと言われ、慰謝料まで請求されました。こんなことが理由になりますか？

> **考え方のPoint**
> 1　有責行為とされる典型的な原因は、①不貞行為、②暴力、暴言、虐待等である。
> 2　1以外の事情が有責行為と言えるかは、裁判官によっても判断が分かれる。
> 3　妻から離婚を請求された場合、妻が主張する離婚原因が納得できるかどうかではなく、まず夫に離婚意思があるのかないのかをよく確認する。

1　はじめに

　夫としては、離婚を考えていたわけでないのに、妻から離婚を求められると、そのことだけで逆上する夫もいる。しかし、妻から離婚を求められた場合に、それを自分の瑕疵や傷であると考える必要はない。

　通常、妻から離婚を求められる前の夫婦関係は、夫婦げんかが絶えなかったり、冷戦状態が続いている場合がほとんどである。このような悪化した夫婦関係を解消することは、ある意味では両者にとって望ましいことでもある。

　したがって、妻から離婚を切り出されたことや、その妻の主張する離婚理由が納得できないことは一応置いて、夫として離婚についてどう考えるかをよく聞き出すことが大切である。

　夫が単にプライドから妻の離婚請求を拒んでいると思われる場合には、夫婦関係を修復する気持ちがあるのかどうか、よく夫の気持ちを聞き出すことが大切である。

2　経済的理由による離婚

　夫の給与が少なかったり、失業したり、経営していた会社が倒産したりした場合等、夫の収入が少ないことに対して妻が不満を持つことは少なくない。

　夫婦の生活費の負担について、民法760条は、「夫婦は、その資産、収入その他一切の事情を考慮して、婚姻から生ずる費用を分担する。」と定める。

　これは、夫婦の生活費について、夫が第一次的に負担すべきと定めているわけではなく、夫と妻はそれぞれその収入、資産に応じて夫婦の生活費を負担すべきとしている。

　しかし、現実には、共働き夫婦の場合であっても、妻の収入が夫より少ないケースが圧倒的に多いのが現状であり、夫が大黒柱として家計を支えるべきであるという役割分担意識も根強く残っている。

　したがって、夫の収入が少ないことが妻からの離婚請求の原因になっている場合はかなり多い。

3　有責行為となる経済的理由

　夫が、怠惰で働かないとか、ギャンブルにはまり込んで生業に就かない等の場合には、夫の有責行為となる。

　判例でも、①夫に勤労意欲がないため経済的困窮に至っており、夫に勤労しないことを正当化できる理由がなく、妻と協力して夫婦共同生活を営もうという意思も努力もない場合に婚姻破綻を認めた事例【東京地判昭和38年5月13日判時339号32頁】、②「被控訴人（筆者注：妻）に収入の途があるのを頼りに遊惰な生活に流れ、その後も賭け麻雀により生活の資を得るという異常な生活態勢を一日も早く脱して定職に就こうとする態度をとらないまま推移した」場合に婚姻破綻を認めた事例【東京高判昭和54年3月27日判タ384号155頁】、③「確たる見通しもなく転々と職をかえ、安易に借財に走り、そのあげく、控訴人（筆者注：妻）らに借財返済の援助を求めるなど、著しくけじめを欠く生活態度に終始した」場合に夫の有責性を認めた事例【東京高判昭和59年5月30日判タ532号249頁】がある。

　しかし、質問の事例のように、勤務先の理由で、夫が働いても給与が少な

かったり、労働時間が長く休みも取れない場合には、これを夫の有責行為と見ることはできない。

したがって、妻が夫の収入が少ないことを原因として離婚訴訟を提起しても、それだけでは離婚は認められず、もちろん離婚慰謝料請求の理由ともならない。

> **実務の注意点**
>
> 1　夫が真面目に働いているのに、夫の収入が少ないことを理由に妻が離婚を請求している場合には、この夫婦の経済感覚の違いをどう考えるかを夫とよく相談することが必要である。
> 2　夫が妻との離婚を望まない場合には、夫に、生活費の支出や、将来の仕事の見通し、収入を増やす方策等について、妻とよく話し合うようにアドバイスすべきであろう。

9 妻からＤＶと主張された場合

妻が子どもを連れて突然家を出て行き、離婚を求められました。妻は私が激しい暴力を振るっていると言っているようです。確かに夫婦喧嘩のときに、売り言葉に買い言葉で大声を出したり、机をひっくり返したことはありました。でも、手を上げたことは一度もありません。

> **考え方のPoint**
> 1 夫のＤＶが認定されると、夫には極めて不利な結果となる。
> 2 妻がＤＶを主張している場合、事実関係を丁寧に聴き取り、証拠を検討する。
> 3 主張が事実でない場合には、徹底的にＤＶの不存在を主張・立証する。

1 はじめに

　妻からの離婚請求の原因として、夫の暴力、ＤＶが主張されることは少なくない。現実に夫が妻に暴力を振るっていた場合には、当然夫に対し、暴力は離婚原因となり、慰謝料請求の理由にもなり、子どもとの面会交流もできなくなる可能性がある等のことをよく説明して、以後は暴力を振るわないことを約束させることが必要である。

　しかし、夫は何ら暴力を振るっていないのに、妻がＤＶを主張している場合もかなりある。また、妻が主張するＤＶの内容は、夫が怒鳴ったり、高圧的な態度をとったりしたなど、身体的暴力ではなく、言葉による暴力等やパワーハラスメント的な言動を主張している場合もある。

　このような場合には、夫から事実を丁寧に聞いた上で、妻の主張に対して反論することが重要である。

　「配偶者からの暴力の防止及び被害者の保護に関する法律」（以下、「ＤＶ防止法」という）による保護命令等が出てしまうと、これを後から覆すことは非常に難しいので、紛争の初期段階での事実の確認、反論が重要である。

2　ＤＶ防止法に基づく保護命令

　妻が夫の暴力を主張して、離婚に先立ちＤＶ防止法に基づく保護命令の申立てをする場合がある。

　妻が警察署や市区町村役場の相談窓口等に夫の暴力を訴えると、警察署等は保護命令の申立てを説明するので、妻がその指導に従って、申立てをすることが少なくない。

　妻から保護命令の申立てがあると、裁判所は、原則として、審尋期日を指定して、夫にその連絡をする。保護命令事件は、速やかに審理する必要があるため、審尋期日は申立てから１週間後くらいの日が指定される。また、審尋期日の延期は原則として認められない。

　夫が審尋期日の呼出しを受けた段階で、弁護士に相談する場合には、審尋期日まで時間がないが、弁護士としては、夫の言い分をよく聞いて、反論の書面や証拠を準備することが必要である。

　保護命令発令の要件は、次の３点である。
① 　配偶者からの身体に対する暴力を受けた者又は配偶者からの生命等に対する脅迫を受けた者（被害者）が
② 　配偶者からの更なる身体に対する暴力により
③ 　その生命又は身体に重大な危害を受けるおそれが大きいこと

　そして、保護命令事件では、被害者が上記の要件に当たる事実を証明しなければならず、疎明では足りない。

　しかし、現実の審理では、医者の診断書、傷やあざの写真、被害者の陳述書程度の証拠で、ＤＶの事実が認定されている。

　したがって、夫は、例えば、妻の診断書による傷害が、夫の暴力によるものではなく、妻が自分で転んだ結果によるものであること等の事実を具体的に反論することが必要である。

3　離婚原因としての夫のＤＶ

　ＤＶ防止法は、配偶者からの暴力を「配偶者からの身体に対する暴力（身体に対する不法な攻撃であって生命又は身体に危害を及ぼすもの）又はこれに準ずる心身に有害な影響を及ぼす言動」と定義している（同法１条１項）。

しかし、離婚事件において妻が主張するＤＶには、必ずしも前記の定義には該当しない程度の、夫の「精神的暴力」「言葉の暴力」「パワーハラスメント」等といった主張がされることが少なくない。

長い婚姻期間中の夫の言動について、いちいち反論をすることは非常に難しい。しかし、妻の主張するような言動がない場合には、丁寧に反論をすることが大切である。

特に、婚姻生活上の細かい出来事について、妻と比較して夫は記憶していないことが多く、また反論すること自体「くだらない」と思ってしまうことがある。しかし、弁護士としては、夫に反論の必要性を説明して理解してもらい、夫の記憶をたどって丁寧に反論をすることが必要である。

4　夫のＤＶによる離婚

夫のＤＶが認定された場合は、民法770条1項5号の「婚姻を継続し難い重大な事由」（婚姻の破綻）があるとされ、妻の離婚請求は認められる。

この場合には、夫婦の別居期間が数か月、1年と短い場合であっても、妻の離婚請求は認容される。

したがって、夫が暴力を振るっていたにもかかわらず、離婚を希望していない場合には、ＤＶ加害者のための更正プログラムを受ける等の手段を講じて、今後は暴力を振るわないことを妻に理解してもらう必要がある。

また、更正等のため当分の間は別居をして、別居期間中に夫婦や子どもとの交流を図る方法もある。

実務の注意点

1　夫のＤＶを主張された場合には、鵜呑みにせず、夫から丁寧に事実を聞くことが重要である。
2　妻のＤＶの主張が虚偽であったり、過大である場合には、丁寧な反論に努め、特にＤＶ防止法による保護命令が出ないようにすることが重要である。
3　夫が有責配偶者であることが明白な場合には、離婚調停や離婚訴訟でいたずらに妻の婚姻期間中の行動を非難することは、逆効果となることがある。

1章　離婚原因

第2章

慰謝料

10 男性の立場から見た離婚慰謝料の性質

妻から離婚を告げられました。私との生活にうんざりしたというのがその理由です。同時に財産分与と慰謝料も要求されたのですが、私は妻に対して後ろめたいことをした記憶はありません。それでもお金を払わなければならないのでしょうか。

> **考え方のPoint**
> 1 夫に有責行為がない場合には、離婚慰謝料を支払う義務はない。
> 2 離婚慰謝料を支払うかどうかは、妻が具体的証拠を有しているかが判断基準となる。
> 3 調停や訴訟実務では、離婚慰謝料をなしとするケースが増加している。

1 はじめに

　妻が夫に離婚を求める場合には、ほとんどの妻が慰謝料も請求することになる。

　離婚する場合には、当然夫に慰謝料を請求できると考えている妻が多く、また、夫も、離婚するには妻に慰謝料を支払わなければならないと漠然と考えていることも少なくない。

　夫には、不貞行為やDVといった有責行為はないとしても、日頃から妻に帰宅が遅いことや、家事や育児に協力しない、お金の使い方がいい加減であることなどを責められていた場合、夫は離婚の話合いの中でも守勢に立たされ、離婚慰謝料を支払うことに同意してしまう場合もある。

　一度当事者間で、離婚慰謝料の支払いについて合意をし、これを公正証書にした場合には、後日これを無効、取消しにすることは極めて難しい。

　したがって、離婚慰謝料について合意をする前に、弁護士に相談をすべきである。

2　離婚に関する2種類の慰謝料

　離婚に関する慰謝料には、2種類ある。
　第一は、離婚原因慰謝料で、婚姻期間中の個別の不法行為、例えば、暴力、不貞行為などから生じる精神的苦痛の慰謝料であり、第二は、離婚自体慰謝料で、離婚そのものによる精神的苦痛の慰謝料である。
　離婚原因慰謝料と離婚自体慰謝料とは、別に請求することができる。訴訟においては、離婚原因慰謝料の請求か離婚自体慰謝料の請求かを明確にする必要がある（審理の実情18頁）。
　大阪高裁判決は、夫が妻に暴力を振るい、妻が右鎖骨骨折、腰痛の傷害を受けた事案について、離婚自体慰謝料350万円のほかに、暴力による入通院慰謝料100万円、後遺傷害慰謝料500万円、後遺障害による逸失利益約1113万円の支払いを命じている【大阪高判平成12年3月8日判時1744号91頁（要約38）】。
　なお、遅延損害金の起算点は、離婚原因慰謝料の場合には不法行為の日であり、離婚自体慰謝料の場合には判決確定の日の翌日となる。
　実際の離婚訴訟、調停において、離婚原因慰謝料が請求されることは稀で、ほとんどの場合が、離婚自体慰謝料の請求である。
　以下、特に指摘しない限り、離婚自体慰謝料を離婚慰謝料と述べる。

3　離婚慰謝料の性質

　離婚慰謝料は、「個別的有責行為その他を原因として婚姻関係が破綻し、その結果離婚が成立すれば、離婚原因を作った一方が、配偶者としての地位を喪失する他方に対し、支払義務を負うことになる慰謝料である（相手方の一連の有責行為により離婚に至らしめられたという経過全体を一個の不法行為と捉え、離婚へと発展させられたことによる精神的苦痛と離婚という結果自体から受ける精神的苦痛に対する損害賠償請求。離婚の成立時から3年の消滅時効にかかる。）。」（松原＝人事訴訟345頁）とされている。
　このように、離婚慰謝料の請求は、不法行為に基づく損害賠償請求であり（民709条、710条）、したがって、妻は、夫が故意又は過失によって妻の権利又は法律上保護される利益を侵害したことを主張・立証しなければならない。

4 訴訟における離婚慰謝料請求の実情

　妻は、離婚訴訟においてしばしば、婚姻期間中の様々な出来事を延々と述べ、その間夫の暴言や精神的暴力等があったと主張することがある。
　このような妻の主張方法に対しては、まず妻が婚姻中の夫のどの行為をもって不法行為と主張するのかを釈明等によって明らかにさせることが重要である。
　そうでないと、長い結婚生活における細かい出来事についていちいち反論しなければならなくなり、また、夫は一般に婚姻中の出来事を妻ほど記憶していないことが多いので、妻の主張する出来事について具体的な反論ができないことも多い。
　妻の離婚請求に対して、夫も離婚意思がある場合には、妻の主張に対して反論するとともに、妻の有責行為を主張することによって、少なくとも婚姻破綻の原因が夫だけにあるわけではないことを明らかにすることになる。
　しかし、夫が離婚を希望していない場合には、妻の有責行為を縷々主張することは、婚姻破綻を認定される方向になるので、むしろ妻が主張する夫の有責行為を否定するとともに夫婦生活が円満であったことを主張すべきである。

5 離婚慰謝料についての学説

　離婚慰謝料を認めるかどうかについて学説は分かれている。
① 離婚慰謝料を認める説（積極説）
　妻が離婚によって経済的にも精神的にも厳しい生活状況に追い込まれる現実を前提として、妻の受ける不利益を是正することを根拠とするもの（有地亨『新版 家族法概論〔補訂版〕』311頁（法律文化社、2005年））や、「離婚すなわち配偶者（妻）たる地位の喪失によって生ずる精神的損害は、現実に生ずるものであって、無過失責任として弱者の保護・救済を認める理由となる」として、無過失による離婚そのものに対する慰謝料を認める説（中川淳「離婚財産分与と慰謝料との関係」『現代家族法大系2―婚姻、離婚』330頁（有斐閣、1980年））などがある。

② 離婚慰謝料を認めない説（消極説）

　離婚そのものを不法行為として構成することは、現在の婚姻思想に適合しない、離婚それ自体は、過失でも違法でもないので、個々の不法行為以外に慰謝料請求を認めることはできない（二宮＝家族法106頁）としている。

　実務では、上記のとおり、夫に婚姻破綻の原因となった有責行為がある場合に離婚慰謝料請求を認めるものであり、無過失責任を認めるものではなく、離婚そのものを不法行為としているわけではない。

　しかし、実務においても、学説の消極説や、女性の経済的社会的地位の向上等から、以前よりも離婚慰謝料の認定は厳格になっており、訴訟や調停において離婚慰謝料なしとする事案が増えているといえよう。

> **実務の注意点**
>
> 1　妻からの離婚慰謝料請求については、妻が夫のどのような行為を有責行為と主張しているかを確認することが重要である。
> 2　夫も離婚を希望している場合には、財産分与、養育費等離婚条件全体のなかで離婚慰謝料支払の有無、額を検討すべきである。

11 妻から高額の慰謝料を請求された場合

不倫の結果、妻から離婚を求められました。同時に財産分与のほか、慰謝料として500万円を要求されました。こんな金額を払わなければならないのでしょうか？ とても用意できないのですが、分割払いは認められますか？

> **考え方のPoint**
> 1 夫が支払うべき離婚慰謝料の金額は、低額化の傾向にある。
> 2 財産分与、養育費等の離婚条件を総合的に考慮し、夫の支払い能力を勘案して、離婚慰謝料額を交渉すべきである。

1 はじめに

夫が、妻から離婚を求められ、かつ500万円を超すような高額の慰謝料を請求されることがある。芸能人などが多額の慰謝料を支払ったという記事が出て、このようなマスコミ報道に惑わされる妻も少なくない。

また、離婚する場合には、当然夫に慰謝料を請求できると考えている妻もいる。

しかし、働く妻が専業主婦の妻より多くなって久しく、妻の社会的経済的地位が以前より向上したこと等によって、離婚が妻に与える精神的打撃は、以前より減少しているといえるだろう。

そのような社会的背景等によって、裁判所が訴訟で認定する離婚慰謝料の額は低額化していると思われる。

したがって、妻から高額の離婚慰謝料を請求された夫には、現在の裁判実務、判例の傾向をよく説明し、仮に離婚訴訟になった場合には、どのくらいの離婚慰謝料を支払う必要があるかについて、あらかじめ予備知識を持ってもらうことが大切である。

2 判例における離婚慰謝料の額

　判例で認められた離婚慰謝料の最高額は、1500万円である【東京高判平成元年11月22日判時1330号48頁（要約9）】。この判例は、最高裁が判例変更をして有責配偶者からの離婚請求を認めた事件の差戻審である。

　この事案は、夫が他の女性と同棲してその女性との間に2人の子をもうけ、別居期間が約40年にも及び、その間、夫は、妻に建物を与えた他には40年間何ら経済的給付もしておらず、夫は77歳、妻は73歳となっているケースなので、慰謝料額としてはかなり特殊であると言える。

　【横浜地判昭和55年8月1日判時1001号94頁】は、夫の不貞行為及び悪意遺棄による婚姻破綻の離婚慰謝料として1000万円を認めている。

　【東京地判平成17年5月30日（平成15年（タ）第736号、同第921号）】は、夫の不貞行為及びその後の暴力によって婚姻が破綻した事案について、1000万円の離婚慰謝料を認めている。

　【東京地判平成19年11月7日（平成16年（タ）第103号、同17年（タ）第12号）】は、夫が一方的に同居、協力義務を放棄した等の一連の対応によって婚姻が破綻したと認定し、「妻がこれまでに受けた精神的苦痛、子供の養育に尽くした努力と負担は非常に大きなものであったといえる。」として、慰謝料700万円を認めている。

　500万円を超える離婚慰謝料が認められた公表判例は、ほぼ上記程度であり、通常の離婚慰謝料の最高額はほぼ500万円程度である。

3 学説、解説書における離婚慰謝料の額

　判例を受けて、学説や解説書では、離婚慰謝料の額について、次のように解説されている。
(1) 千葉県弁護士会の離婚慰謝料に関するアンケート結果よると、回答を得た84件の平均額は、297万円となっている（千葉県弁護士会編『慰謝料算定の実務〔第2版〕』11頁（ぎょうせい、2013年））。
(2) 梶村太市教授は、離婚調停における慰謝料額について「これまでの判例の動向からして、通常の場合には100万円から300万円くらい、大体200万円前後の金額で合意に達することが多いようです。もちろん、ケー

スの多様性に応じて 0 円から 500 万円くらいまでの範囲のバラツキがあります。」と述べている（梶村太市『第 4 版 離婚調停ガイドブック』224 頁（日本加除出版、2013 年））。
(3) 二宮周平教授は、「判例には慰謝料の相場のようなものがあり、物価の上昇にもかかわらず、1976 年以降、平均で 200 万円前後、最高額は 500 万円で頭打ちという状況にある。夫婦財産の清算を中心に財産分与で増額を図り、有責性を問題とする慰謝料については、あまり積極的ではない傾向がみられる。」と述べている（二宮＝家族法 103 頁）。

このような判例分析や学説等から、離婚訴訟において離婚慰謝料が認められる場合に、その金額は 200 万円から 300 万円程度までが多く、500 万円がほぼ上限といえるだろう。

4 　離婚慰謝料算定の考慮要素

離婚慰謝料の主な算定要素としては、①有責性、②婚姻期間、③支払者の資力、④未成熟子の有無、⑤夫と妻の収入や職業等が挙げられる[1]。

離婚慰謝料は不法行為に基づく損害賠償請求であるから、このうちの有責性が最も重要な考慮要素となる。

判例では、夫の有責行為のうち不貞行為による婚姻破綻が最も離婚慰謝料を高くする要素になっていると思われる。

また、夫や妻の職業が医者や会社経営者等で収入や資産が多く、生活水準が高い場合には、離婚慰謝料も高くなる傾向がある。

5 　妻から高額の慰謝料を請求された場合の対応

妻が高額の慰謝料を請求した場合に、まず、妻の真意を推し量る必要がある。場合によっては、妻は離婚したくないため、夫が到底支払えない金額の慰謝料を請求している場合もあるからである。

妻が離婚を希望しており、離婚後の生活のためにできるだけ夫から慰謝料を取りたいと思っている場合には、上記の離婚慰謝料の判例等を前提として、夫が現実に支払える額、支払方法について、妻との協議や調停の場で話し合うことが大切である。

通常、妻は、夫の支払能力を知っているので、協議や調停で合意ができる可能性は十分にある。

> **実務の注意点**
> 1　妻から高額の慰謝料を請求された夫には、妻の慰謝料請求が認められるには婚姻破綻について夫の有責行為が立証されることが必要なこと、離婚慰謝料額は200万円ないし300万円程度の場合が多いことを説明することである。
> 2　夫の有責性、妻の請求する慰謝料額等によっては、安易に妥協して協議離婚をせず、調停、訴訟によって、妻の請求する慰謝料額が法外であることを明らかにするべきである。

1）　千葉県弁護士会・前掲8頁は、「離婚慰謝料の算定要素としては、①婚姻期間、②支払者の資力、③有責性、④未成年の子の有無等が挙げられる。」と述べている。

12

妻から不貞行為の相手女性に慰謝料を請求された場合

私の不倫が妻に知られたようで、不倫相手の女性に突然妻から慰謝料の請求があったそうです。私は相手の女性に告げられるまで、全く知りませんでした。私はどうしたらよいのでしょうか。

> **考え方のPoint**
> 1 夫は相手女性との今後の関係により、対応を考えるべき。
> 2 不貞行為の相手女性に支払いを命ぜられる慰謝料額は、あまり高くない。
> 3 夫はこれを契機に、妻との離婚について考えを固める必要がある。

1 はじめに

　妻が、夫の不貞行為を知った場合に、夫に対しては何ら行動をせずに、相手の女性に対して慰謝料請求をする場合がある。

　この場合に、妻の代理人から相手女性に対し、内容証明郵便での慰謝料請求の通知が来たことや訴訟が提起されたことを、夫が相手の女性から聞いて知るケースが多い。

　この場合に、夫は、自分の不貞行為を棚に上げて、妻の行為に激怒して、妻を非難することがある。

　しかし、弁護士としては、不貞行為の事実がある場合には、妻は相手の女性に慰謝料請求をすることができること、今後相手の女性との関係を継続する意思があるのかどうか、妻との離婚を希望するのかどうか等、冷静に夫の気持ちを聴くことが大切である。

　夫自身もこのようなことについて、自分の気持ちが固まっていないことも多いので、その場合には、時間をかけて夫の気持ちを確かめることが必要である。

　また、夫が妻との離婚を希望している場合には、不貞行為が事実であるとすると、夫からの離婚請求は有責配偶者の離婚請求となることもよく説明す

ることが必要である。

2　不貞の相手に対する慰謝料請求の理論

　判例上「夫婦の一方の配偶者と肉体関係を持つた第三者は、故意又は過失がある限り、右配偶者を誘惑するなどして肉体関係を持つに至らせたかどうか、両名の関係が自然の愛情によつて生じたかどうかにかかわらず、他方の配偶者の夫又は妻としての権利を侵害し、その行為は違法性を帯び、右他方の配偶者の被つた精神上の苦痛を慰謝すべき義務がある」と解されており【最判昭和54年3月30日民集33巻2号303頁（要約41）】、これが確立した判例である。

　しかし、学説では、そもそも不貞の相手に対する慰謝料請求を認めないものもある。特に、性に関する自己決定権を尊重する立場から、他人の性や人格を支配する権利は何人にもないから、自己決定として貞操を約束した者に対して責任追及はできても、不貞行為の相手方の法的責任を追及することはできない（水野紀子「判批」法協98巻2号291頁）とする説もある。

　また、相手方に害意や暴力など強い違法性がある場合だけ不法行為責任があるとする説もある（内田貴『民法Ⅳ　親族・相続〔補訂版〕』26頁（東京大学出版会、2004年））。

　不貞行為の相手方に対する慰謝料請求の要件は、夫と相手方との肉体関係の存在であるが、肉体関係を結んだとまでは認められないものの、夫との結婚を希望して妻に対して夫と結婚させてほしいと懇願し、その結果夫と妻が別居した事案について、妻の相手女性に対する慰謝料請求を認めた判例もある【東京地判平成17年11月15日（平成16年（ワ）第26722号）】。

3　婚姻破綻後の不貞行為

　判例は、「甲の配偶者乙と第三者丙が肉体関係を持った場合において、甲と乙との婚姻関係がその当時既に破綻していたときは、特段の事情のない限り、丙は、甲に対して不法行為責任を負わないものと解するのが相当である。けだし、丙が乙と肉体関係を持つことが甲に対する不法行為となるのは、それが甲の婚姻共同生活の平和の維持という権利又は法的保護に値す

利益を侵害する行為ということができるからであって、甲と乙との婚姻関係が既に破綻していた場合には、原則として、甲にこのような権利又は法的保護に値する利益があるとはいえないからである。」と判示しており、これも確立した判例である【最判平成8年3月26日民集50巻4号993頁（要約43）】。

　不貞行為の相手方に対する慰謝料請求の訴訟では、ほとんどの場合に、被告からこの婚姻破綻後の不貞行為である旨の抗弁が出される。

　しかし、実際には、不貞行為以前の婚姻破綻の抗弁が認められるケースは少ない。不貞行為以前に夫婦が別居（家庭内別居を含まない）していた場合でないと、この抗弁はほとんど認められないであろう。

4　慰謝料の算定要素および金額

　主な不貞行為慰謝料の算定要素は、不貞期間、不貞行為の態様、婚姻生活の状況（特に、不貞行為によって婚姻破綻、離婚に至ったか否か）である。

　不貞行為慰謝料の額は、500万円と特に高額のものもあるが【東京地判平成14年10月21日（平成11年（ワ）第28488号、平成12年（ワ）第7461号、同第16909号）】、これは、相手の女性が夫との間の子を出産し、夫が妻との協議離婚届を無断で提出した上、相手女性との婚姻届を提出し、夫はその後無断で相手女性との協議離婚届を提出した特殊な事案である。

　特に、不貞行為によって婚姻関係が破綻していない事案の場合には、慰謝料額が低くなり、50万円とした判例もある【東京地判平成4年12月10日判タ870号232頁（要約45）】。

　一般的には、不貞行為慰謝料は、そもそも慰謝料を認めない学説等を受けて低額化の傾向にある。

　平成14年7月から平成20年3月までの岡山県内の判決を収集した安西二郎裁判官の文献によると、慰謝料が認定された27件の最低額は80万円、最高額は600万円（ただし、これは被告が欠席した事案）、平均額が216万円で、夫が原告の平均額は184万円、妻が原告の平均額は234万円となっている（安西二郎「不貞慰謝料請求事件に関する実務上の諸問題」判タ1278号45頁（2008年））。

　また、二宮周平教授は、100万円〜300万円の範囲が多いと述べている

（二宮＝家族法 57 頁）。
　これらから見て、一般的には、不貞行為の慰謝料額は 50 万円から 300 万円程度までといえよう。

5　相手女性の責任と夫の責任の関係

　夫と相手女性の不貞行為は、妻に対する共同不法行為であり、夫と相手女性の債務は不真正連帯債務である。
　したがって、この損害賠償債務には、連帯債務に関する民法 437 条は適用されず、夫の債務の免除は、相手女性の債務には影響しない【最判平成 6 年 11 月 24 日判時 1514 号 82 頁（要約 44）】。
　妻が夫との離婚まで決意していない場合には、妻は相手の女性だけに対して慰謝料請求訴訟を提起する。
　相手女性が判決等によって、妻に対して慰謝料を支払った場合には、その相手女性は、夫に対して夫の負担部分について求償することができる。
　しかし、現実には、相手女性の夫に対する求償請求の訴訟はほとんどない。その前に、相手女性が支払う慰謝料を夫が負担している場合が多いからであろう。

> **実務の注意点**
>
> 1　妻が不貞行為の相手女性に対し慰謝料請求をした場合、まず妻の真意を推測することが大切である。妻は、夫とその女性との関係を切らせることを目的にしており、離婚までは考えていないことも多い。その場合には、夫自身の気持ちをよく聴き、結婚生活を維持したいのであれば、相手女性との関係を清算し、妻と相手女性との訴訟には関与しないことが望ましい。
> 2　妻の相手女性に対する訴訟によって、夫が激昂しいたずらに妻を刺激することがないように、夫によく説明をすることが大切である。

13

不倫した妻への慰謝料請求

　結婚して10年になる専業主婦の妻の不倫が発覚しました。その男とは結婚前からのつきあいで、関係は15年にもなるそうです。妻は私と別れてその男と一緒になりたいようで、私にわかるように不倫をしていました。こんな妻とは別れますが、我慢がなりません。妻に責任を取らせたいと思うのですが、慰謝料は取れますか？

> **考え方のPoint**
> 1 　妻の不貞行為を立証できるかがポイントになる。
> 2 　妻の不貞行為が立証できる場合には、妻及び相手男性に慰謝料請求ができる。
> 3 　妻が専業主婦で支払能力がなく、夫に財産分与支払義務がある場合には、相殺等が可能である。

1 　はじめに

　妻の不貞行為によって離婚に至るケースは増加している。

　妻の不貞行為が発覚した場合に、特に子どもがいる場合には、夫としては離婚すべきかどうか悩むことも多い。

　子どものために妻の不貞行為を我慢して、婚姻生活を続けるという選択をした場合でも、妻の不貞行為がしこりとなって、結局夫婦関係を修復することができずに離婚に至る場合もある。

　妻の不貞行為が発覚して夫が離婚を決断した場合には、まず、妻が不貞行為を認めているのかどうか、不貞行為の証拠がどの程度あるのかを確認する必要がある。

　妻が不貞行為を認めており、訴訟で立証できる程度の証拠がある場合には、離婚調停申立てと相手の男性に対する損害賠償請求を検討することになる。

　また、離婚は決断できないが、相手の男性に慰謝料請求をしたいという場合もある。

その場合には、相手の男性に対する慰謝料請求をすることにより、妻との婚姻関係にどのような影響があるか事前に検討しておく必要がある。

2 妻に対する慰謝料請求

妻の不貞行為が立証できる場合には、妻に対し①離婚調停の申立てをし、調停において離婚慰謝料を請求する、若しくは、②離婚と別に不貞行為による慰謝料請求をする、の2つの方法が考えられる。

②の方法は、離婚自体慰謝料ではなく、不貞行為による離婚原因慰謝料を請求する方法であるが、離婚とは切り離して、婚姻中の妻に不貞行為による慰謝料請求をすること自体が、婚姻破綻の徴表と見られ、妻からの離婚申立てがされる可能性も高く、適切な方法とはいえないであろう。

なお、妻との協議離婚の条件として、妻に慰謝料を請求することも考えられるが、当事者間で、不貞行為による慰謝料額の話合いをすることは感情的対立が激しくなり、互いに精神的負担が大きいことから、避けるべきであろう。

3 妻が支払うべき離婚慰謝料額

離婚慰謝料の額については、〔⇒11、12〕。

離婚慰謝料の額は、妻が不貞行為をした場合と夫が不貞行為をした場合と理論的には、同額のはずである。

しかし、実際の判例等では、妻が専業主婦であったり、パート労働等で収入が少ない場合などには、夫の不貞行為の場合と比較して、離婚慰謝料額が低くなる傾向があるといえる。

4 相手の男性に対する慰謝料請求

妻への離婚慰謝料請求とは別に、不貞行為の相手の男性に対して慰謝料請求をすることができる。

相手の男性に対する慰謝料請求をするかどうかにあたっては、それによる妻への影響を検討しなければならない。

特に、夫が妻との離婚は考えておらず、妻との結婚生活を修復したい場合

には、夫が相手の男性に対して慰謝料請求をすることによって、妻が反発して離婚を決意するに至ることもあるので、よく妻の気持ちを推し量ることが必要である。

相手の男性に対する慰謝料請求の方法として、①訴訟外の交渉による方法、②調停による方法、③訴訟による方法がある。

弁護士や司法書士に依頼して、相手の男性に対し、慰謝料請求の内容証明通知書を出すことがよく行われているが、その通知書の記載内容、請求金額等はよく精査する必要がある。時に、脅迫ともとれるような過激な表現がされたり、明らかに過大な金額の請求をするものがあるので、注意が必要である。

相手の男性が、その社会的地位や訴訟の負担等を考えて、交渉によって慰謝料を支払う場合も少なくない。

その場合でも、当事者同士が直接に交渉することは、感情的対立から、言動によっては恐喝罪等に問われる危険すらあるので、交渉は弁護士に依頼すべきであろう。

実務の注意点

1　妻に対する離婚慰謝料請求をする前に、夫妻が離婚についてどう考えているかを十分に確認する必要がある。
2　不貞行為の相手の男性に慰謝料請求をする場合には、弁護士が交渉によって慰謝料を取ることもあるが、交渉にあたっては、恐喝的な言動がないように注意し、相手の男性が支払いを拒否する場合には、無理に交渉を継続せず、調停又は訴訟による請求をすべきである。

14 いわゆるパートナーシップ関係の相手方への慰謝料請求

私には20年間一緒に生活しているパートナーがいます。彼女は法的な婚姻関係は受け入れず、お互い合意の上でいわゆるパートナーシップ関係を結んできました。ところが、その彼女が急に別の男と結婚すると言い出しました。婚姻関係にないので結婚するのは自由ですが、やはり納得できません。せめて慰謝料だけでも請求したいのですが可能でしょうか。

考え方のPoint
1　法律上内縁にも該当しない場合、原則的に、慰謝料請求はできない。
2　これまでの生活の実態から、場合によって契約違反による損害賠償請求ができる可能性はある。

1　はじめに

結婚や男女の関係は多様になっている。

以前は、婚姻届を提出していないが、夫婦と同様の生活を送っている内縁夫婦はかなり見られた。これは婚姻届を提出する慣習がなかったり、足入れ婚のようにある程度の期間同居してから、問題がなければ婚姻届を出すといった慣習もあったからである。

現在では、このような内縁はあまり見られず、夫婦別姓などのために自分達の意思で婚姻届を提出しないで共同生活をする事実婚がある。

更には、同居もしないでそれぞれの家に通う通い婚や、相続や子ども等の気持ちを配慮して婚姻届を出さない中高年の再婚カップル等様々な形態がある。

このような婚姻届を提出していない男女関係が、女性が他の男性と交際や結婚したことで一方的に解消された場合に、男性がその女性に対して慰謝料請求ができるかは難しい問題である。

2　内縁の不当解消

　内縁とは、婚姻の届出はないが、当事者の間に社会通念上の婚姻意思があり、かつ事実上の夫婦共同生活がある関係をいう。
　内縁の成立には、①内縁関係を成立させようする合意（主観的要件）と②内縁の事実の存在（客観的要件）が必要とされる（我妻栄『親族法』197頁（有斐閣、1961年））。
　内縁には、婚姻の法的効力のうち、夫婦共同生活から生じる法的効果は、認められると解される。したがって、内縁解消時の財産分与は認められる【広島高判昭和38年6月19日高民集16巻4号265頁】。
　また、正当な理由なく内縁関係を解消した者は、内縁配偶者の地位を侵害したとして、相手方に対して損害賠償責任を負う【最判昭和33年4月11日民集12巻5号789頁】。
　したがって、内縁と認められる場合に、女性が他の男性と不貞行為をなし、その結果内縁が解消された場合には、男性は女性に対して慰謝料請求をすることができる。

3　内縁とはいえないパートナーシップ関係の場合

　【最判平成16年11月18日判時1881号83頁（要約39）】は、婚姻届を出さずに別居しながら子ども2人をもうけたが、その養育は他の者がなし、約16年間婚姻外の男女関係（パートナーシップ関係）にあった男性が、突然一方的に関係解消を通告して他の女性と結婚したために、その男性に対して慰謝料請求をした事案について、以下のように述べて、慰謝料請求を認めなかった。
　「上告人（筆者注：男性）と被上告人（筆者注：女性）との間の上記関係については、婚姻及びこれに準ずるものと同様の存続の保障を認める余地がないことはもとより、上記関係の存続に関し、上告人が被上告人に対して何らかの法的な義務を負うものと解することはできず、被上告人が上記関係の存続に関する法的な権利ないし利益を有するものとはいえない。そうすると、上告人が長年続いた被上告人との上記関係を前記のような方法で突然かつ一方的に解消し、他の女性と婚姻するに至ったことについて被上告人が不満を抱くことは理解し得ないではないが、上告人の上記行為をもって、慰謝料請求権の発

生を肯認し得る不法行為と評価することはできないものというべきである。」

　この事案のように、共同生活をしたことはなく、共有する財産もなく、それぞれが自己の生計を維持管理して意識的に婚姻を回避してきた男女関係の場合には、法的保護に値する関係とはいえないであろう。

4　同性カップル等のパートナーシップ関係

　平成27年に渋谷区が同性パートナーシップ条例を制定してから、いくつかの自治体で同様の条例が制定されている。

　渋谷区のパートナーシップ条例は、異性間の婚姻関係と異ならない実質がある同性カップルについて、パートナーシップ関係を区が証明することができる等を内容とするものである。

　この区が証明するパートナーシップ関係の要件として、パートナーシップ契約（共同生活契約）を公正証書によって締結することが必要とされている。

　そして、この契約は、同居義務の有無、貞操義務の有無、パートナーシップ契約解消時の財産分与、慰謝料等の処理方法などの事項について、合意するものである。

　この条例は、同性カップルに関するものだが、このパートナーシップ契約と同様の契約を、婚姻外の男女が締結することは考えられる。

　そして、その契約に、当事者の貞操義務や、パートナー関係解消時の慰謝料支払義務を定めていた場合は、女性が他の男性と交渉を持ってパートナー関係を解消したときは、契約違反として慰謝料請求ができる可能性はある。

　しかし、この点は、まだ学説でもあまり論じられておらず、これからの問題となるであろう。

> **実務の注意点**
>
> 1　意図的に婚姻届を出さない男女関係を選択する場合には、その解消にあたって、原則として慰謝料や財産分与の請求はできないことを認識しておくことが必要である。
> 2　婚姻外の男女関係の場合、どのような関係を結ぶかについて、当事者の認識が異なる危険性は高い。この危険性を解消するには、パートナーシップ契約等を締結することも選択肢の1つであろう。

第 3 章

財産分与

15 なぜ財産を分けなければならないのか

私の妻は専業主婦ですが、家事を一切放棄していました。子どももいません。10年間我慢して一緒に暮らしましたが、耐えきれず別居をし、離婚を告げました。妻から離婚の条件として財産分与を要求されました。何もしない妻を食べさせ続けたのは私です。これまでの扶養料を要求したいくらいなのですが、財産分与の要求に応えなければなりませんか？

> **考え方のPoint**
> 1 清算的財産分与は、原則として、婚姻期間中に形成、維持した財産を対象として、その財産に妻の寄与割合を乗じて算定する。
> 2 財産の形成、維持に、妻が具体的には何ら貢献していないとしても、清算的財産分与請求は認められるであろう。

1 はじめに

結婚生活において、妻が家事、育児、仕事等をどの程度するかは、妻により様々である。

専業主婦であっても、家事をほとんどせず、食事は全て外食かコンビニの総菜という家庭もあり、下着やタオルまでクリーニングに出す主婦もいる。

現在では、共働き家庭が専業主婦家庭の数を上回っていることから、妻に働いてほしいと希望する夫も増えている。しかし、妻が結婚する時には働いていたのに、いつのまにか仕事を辞めてしまい、不満を抱いている夫もいる。

専業主婦であるにもかかわらず、家事をほとんどしない妻に対しても、離婚時に財産を分与することには、夫としては到底納得できないと思うことは理解できる。

しかし、実務では、婚姻期間中に形成、維持した財産がある場合には、妻が家事をしなかったことを理由として、妻の財産分与請求を拒否することは極めて難しい。ただし、妻の財産形成、維持への寄与が低いことを具体的に

主張・立証することは可能である。

2　財産分与の性質

　財産分与に関して、民法 768 条 3 項は、「前項の場合には、家庭裁判所は、当事者双方がその協力によって得た財産の額その他一切の事情を考慮して、分与をさせるべきかどうか並びに分与の額及び方法を定める。」と規定している。
　財産分与の基準については、この条文しかなく、財産分与の額や方法の決定は、裁判所の広範な裁量に委ねられている。
　判例・学説上、財産分与には、以下の 3 種類があるとされている。
① 　清算的財産分与
　夫婦共同生活中の共通の財産を、離婚時に清算するもの。
　これが財産分与の中心的要素であることについては、争いがない。
② 　扶養的財産分与
　離婚後の生活についての扶養としての財産分与であり、これが認められるのは、限定的な場合である。
③ 　慰謝料的財産分与
　【最判昭和 46 年 7 月 23 日民集 25 巻 5 号 805 頁（要約 36）】は、「財産分与がなされても、それが損害賠償の要素を含めた趣旨とは解せられないか、そうでないとしても、その額および方法において、請求者の精神的苦痛を慰藉するには足りないと認められるものであるときには」既に財産分与を得た場合でも、離婚による慰謝料請求はできると判示している。
　この判例等から、慰謝料の要素を含めた財産分与も可能であると解されている。
　しかし、実務では、ほとんどの場合、財産分与と離婚慰謝料を同時に請求しているので、慰謝料的財産分与が請求されるケースはほとんどない。

3　清算的財産分与の法的根拠

　清算的財産分与の法的根拠については、通説は以下のように解している。
　「我が国はいわゆる別産制を採用し、婚姻中に夫婦の一方が取得した財産

は同人の所有となり、通常は夫名義とされる。しかし、夫の収入は妻の有形・無形の協力に負うものであり、これを実質的にみれば、夫名義の財産も夫婦の共有に属するというべきである。右形式と実質の食違いは夫婦間に円満な生活が続いている限り問題とする必要はないが、離婚に至る場合、右形式どおりに財産を分配すれば著しい不公平が生ずる。したがって、婚姻の解消に当たり、右形式と実質の食違いを清算するのが清算的財産分与の手続であるとする見解である。」（大津千明『離婚給付に関する実証的研究』112頁（日本評論社、1990年））。

　この説明からも明らかなように、財産分与は、主に専業主婦型の夫婦においては、婚姻中に夫が働いて得た預金や不動産の財産は、ほとんど夫名義であり、妻の家事労働は評価されないため、その不公平を離婚時に清算する方法として機能してきたものである。

　しかし、共働き夫婦が増加し、夫婦の財産管理や家計費用の負担も多様となってきた現在では、これまでの清算的財産分与の考え方では、実情に合わないケースも出てきている。

　設問の事案のように、妻が財産形成にほとんど貢献していない場合にも、妻の寄与度を原則として2分の1と見るかは問題となる。

　また、財産分与の基準時は、原則として別居時であるから、できるだけ早期に別居することにより、財産分与額を減らすことは考えられる。

実務の注意点

1　妻が専業主婦で家事を全くしない場合には、そのことを具体的に主張立証して、2分の1より少ない妻の寄与割合を主張すべきである。
2　離婚の決断がついた場合には、できるだけ早く別居して、財産分与対象財産を限定することも考えられる。

16 清算的財産分与の妻の寄与割合

妻と別れることになり、財産分与を要求されています。財産を分けなければならないことはわかるのですが、我が家の財産は私が一代で築いたもので、私の才覚によるものです。それなのに半分もやらないといけないのですか？

考え方のPoint
1. 寄与割合は、実務では原則として50％とされる。
2. 夫の資格や特殊な能力によって財産が形成された場合には、妻の寄与割合が50％以下とされる場合もある。
3. 妻の寄与割合が50％以下であることを主張する場合、相当詳しい具体的な主張・立証が必要。

1 はじめに

　最近はやや少なくなったが、離婚の際に、専業主婦でいわば3食昼寝付であった妻に、なぜ財産の半分も分与しなければならないのか納得できないという夫がいる。

　特に、会社で役員等を務めたり、一代で会社を大きくした企業の経営者などの場合に、このような主張をする方がいる。

　妻は、家庭にあって内助の功を働かせたので夫が後顧の憂いなく仕事ができ、今の財産ができたのでしょうなどと言ってもなかなか納得はしてもらえない。

　この場合にも、まず現在の実務、判例をよく説明した後に、妻の寄与割合が50％では納得できないのであれば、具体的にどのような主張・立証をすれば、裁判所が50％以下の寄与割合を認めるか、具体的な事案に即して、依頼者と共に検討することである。

2　清算的財産分与の理論

　清算的財産分与は、「婚姻中の夫婦が経済的にも協力して婚姻共同生活を維持・発展させてきたにもかかわらず、その共通の利益の成果を法定夫婦財産制である別産制のルールに従い一方が独占することは夫婦の平等・夫婦間の衡平に反することになるから、離婚の際に共同して形成した成果の分配を求めるものである。」と説明されている（島津＝注釈（22）209頁）。

　清算的財産分与の算定は、まず財産分与の対象財産を確定し、その後その財産の維持・形成に妻の寄与した割合を乗じる方法で行う。

3　妻の寄与割合は50％が原則

　以前は、専業主婦の妻の寄与割合は、30％から50％の間で認定される場合が多かった（大津・前掲140頁）。

　しかし、平成8年の民法改正案要綱で、「各当事者の寄与の程度は、その異なることが明らかでないときは、相等しいものとする。」と規定されたこと等から、その後の実務では、民法は改正されていないにもかかわらず、この要綱どおりの運用がされている。

　ちなみに、「東京家庭裁判所における人事訴訟の審理の実情」では、「寄与度（貢献度）については、基本的には、特段の事情がない限り2分の1を原則としつつ、特段の事情を主張する者にそれを裏付ける資料等の提出を求めることにしている」と述べられている（審理の実情28頁）。

4　50％と異なる妻の寄与割合が認定された判例

　上記のように、現在の実務では、妻の寄与割合は原則として50％と認定される。

　ここでは、50％とは異なる妻の寄与割合が認定された判例を見てみよう。
① 【大阪高判平成12年3月8日判時1744号91頁】
　主に専業主婦であった妻の夫に対する財産分与請求について、裁判所は、「右財産の形成は、被控訴人（筆者注：夫）が、一級海技士の資格をもち、1年に6か月ないし11か月の海上勤務をするなど海上勤務が多かったこと

から多額の収入を得られたことが大きく寄与しており、他方控訴人（筆者注：妻）は主として家庭にあり、留守を守って1人で家事、育児をしたものであり、これらの点に本件に現れた一切の事情を勘案すると、被控訴人から控訴人に対し、財産分与として形成財産の約3割に当たる2300万円の支払を命ずるのが相当である。

控訴人は、被控訴人の有する右資格をもってその寄与度を高く評価するのは相当ではないと主張するが、資格を取得したのは被控訴人の努力によるものというべきであり、右資格を活用した結果及び海上での不自由な生活に耐えたうえでの高収入であれば、被控訴人の寄与割合を高く判断することが相当である」と判示した。

② 【東京家審平成6年5月31日家月47巻5号52頁（要約62）】

これは妻の寄与割合を高く認定した事案であるが、夫は画家、妻は童話作家で、婚姻後もそれぞれが各自の収入、預貯金を管理し、それぞれが必要な時に夫婦の生活費用を支出するという形態をとっていた夫婦について、「申立人（筆者注：妻）と相手方（筆者注：夫）は芸術家としてそれぞれの活動に従事するとともに、申立人は家庭内別居の約9年間を除き約18年間専ら家事労働に従事してきたこと、及び、当事者双方の共同生活について費用の負担割合、収入等を総合考慮すると……申立人の寄与割合を6、相手方のそれを4とするのが相当である。」と判示した。

③ 【大阪家審平成23年7月27日判時2154号78頁】

内縁夫婦の事案であるが、夫は会社の創業者・代表取締役、妻は主に専業主婦で、同居開始時に夫は約2億円の金融資産を有して事案について、裁判所は、別居時における夫の資産総額のうち、その大きな部分は、従前の資産の運用の結果やいわゆるバブル経済下における株式の評価額の増大を含むものであることは否定できないとして、同居期間中に形成された1億円のうち、その形成及び維持につき、2割程度は妻の寄与があるとした。

なお、この審判は、抗告審でも維持されている【大阪高決平成23年11月15日判時2154号75頁、家月65巻4号40頁】。

このような判例から見ると、①夫の資格や夫の特別の努力による財産形成、②夫の固有資産の運用等による資産の形成がある場合には、妻の寄与割合は50％以下と主張できるであろう。

また、②の夫の固有資産の運用等による財産の増加については、その増加

部分が特定ないし計算できる場合には、そもそも夫の固有財産（特有財産）であって、財産分与対象財産でないとの主張も可能であろう。

> **実務の注意点**
>
> 1　清算的財産分与の妻の寄与割合は、50％と見るのが原則となっている。特に、夫の通常の給与収入によって形成された財産については、妻が専業主婦であっても、通常50％と認定される。
> 2　妻の寄与割合を50％未満と主張する場合には、その理論的理由、具体的な主張・立証が必要である。
> 3　妻の寄与割合が50％未満であるとの主張と、財産分与対象財産のうち一定の財産は、夫の固有財産であるとの主張は関連する場合があるので、その場合には、主に証拠上いずれの主張が認められやすいかを検討する必要がある。

17 共働きで十分な資産がある妻からの財産分与請求

　30年連れ添った妻から私の退職直前に離婚を要求されました。そして、退職金を含めた財産分与を主張しています。ただ、私と妻は共働きで、私より少ないとはいえ人並みの収入が妻にはあります。生活費は主に私の収入から賄ってきましたので、実際は妻の財産のほうが多いようにも思えます。それでも私が支払わなければならないのでしょうか。

> **考え方のPoint**
> 1 　まず、別居時における妻名義の財産を確定することが必要である。
> 2 　妻名義の預貯金、有価証券、生命保険、不動産等の財産について、銀行や保険会社等を特定することが重要である。

1　はじめに

　妻が働いており、特に大企業の正社員、公務員、医師等である場合には、安定的な収入を得ていることから、妻名義の預貯金、有価証券、不動産等の財産がかなりあることが多い。
　妻が働いている場合の生活費負担の方法は多様である。
　共働き夫婦の生活費負担の方法は、大別すると①全額一方負担型、②共通財布型、③費用別負担型、④個別型がある。
　このうち、比較的高齢の夫婦の場合には、①の全額一方負担型が少なくない。これは、夫の収入で生活費を賄い、妻の収入は妻が自由に使ったり、貯蓄にまわす方法である。
　この方法の場合には、離婚時には、夫名義の財産より妻名義の財産の方が多い可能性がある。
　また、②の共通財布型や③の費用別負担型であっても、妻の負担割合が少なければ、妻名義の財産の方が多く残る場合も少なくない。
　このような共働き夫婦が離婚する場合でも、自分の財産は自分のもので、

これを夫に分与することなど全く考えていない妻もいる。

しかし、清算的財産分与に関して、夫だけが財産分与義務を負うということはなく、分与対象財産があれば妻も財産分与義務を負うので、きちんと分与の算定をすることが大切である。

そのため、特に妻も働いていた場合には、財産分与の算定にあたって、まず、別居時における妻名義の財産を確定することが必要になる。妻名義の預貯金、有価証券、生命保険、不動産等の財産について、可能な限りどこの銀行や保険会社にあるかを特定すること、そのための情報を収集することが重要である。

2 清算的財産分与の算定方法

訴訟において、財産分与の主張整理は、以下のように行うとされている（審理の実情27頁）。

① まず、財産分与の対象となり得る財産として何があるかを明らかにする（その際、原告及び被告が、それぞれの名義の不動産の登記簿謄本（全部事項証明書）、預貯金の通帳、株式等の取引明細書等を提出する）。
② その上で、財産分与の対象となるものとならないもの（特有財産・固有財産）についての主張があれば、その旨の主張をする。
③ 次いで、財産形成についての寄与・貢献の程度を主張する。

なお、①の財産分与対象財産を明らかにする前提として、いつの時点における分与対象財産を確定するかを決定する必要がある。

この分与対象財産確定の基準時は、一般に「清算的財産分与は、夫婦の協力によって得た財産を対象とするから、原則として、夫婦の協力関係が終了する別居時を基準とすべきであり、婚姻後別居時までに形成された財産を清算の対象とすべきである（別居時説）。」と解されている（松原＝人事訴訟325頁）。

3 共働き妻の寄与割合

専業主婦型夫婦が主流であった時代には、妻が仕事をしながら家事もしている場合には、その寄与割合を50％以上とする判例もあった。

例えば、【東京家審平成6年5月31日家月47巻5号52頁（要約62）】は、妻の寄与割合を60％としている。

しかし、この理論を採用すると、専業主婦で仕事をしていない妻の寄与割合は50％以下とする考えにもつながることになる。

現在の家裁実務は、寄与割合について、原則として50％とする2分の1ルールがとられており、これは妻が専業主婦であっても仕事をしていても同様とする考え方が強いと思われる。

4　具体的な財産分与の計算方法

婚姻期間中に形成した別居時における夫名義の財産が1000万円、妻名義の財産が2000万円の場合で、妻の寄与割合を50％とすると、妻が夫に支払うべき財産分与額は、以下のとおり500万円となる。

① 夫と妻がそれぞれ取得すべき財産額

（1000万円＋2000万円）×50％＝1500万円

② 妻が夫に支払うべき財産額

1500万円－1000万円＝500万円

> **実務の注意点**
>
> 1　妻名義の財産がどこの金融機関、証券会社、保険会社にあるか、妻名義の不動産があるか等の情報を、夫からよく聞くことが重要である。
> 2　少なくとも妻の給与振込口座の通帳ないし取引明細を入手して、妻のお金の使い方、貯蓄に回っている金額を調査することが大切である。

18

妻への財産分与請求

定年を機会に、30年連れ添った妻に離婚を請求しようと思います。妻は医師で私よりもたくさんの収入があり、財産はそれぞれ別々に管理しています。忙しい妻に代わり、家事や子どもの面倒は主に私がやってきました。離婚にあたり妻に財産分与の要求をしようと思いますが、夫からの要求は可能なのでしょうか？

> **考え方のPoint**
> 1　算定方法は、妻が夫に対し清算的財産分与を請求する場合と同様である。
> 2　夫と妻が、婚姻期間中、自己名義の財産を別々に管理していた場合、事案によっては、財産分与請求が認められない可能性はある。

1　はじめに

　清算的財産分与制度は、主に専業主婦で自分名義の財産をほとんど持たない妻を、離婚時に救済する制度として機能してきた。

　しかし、現在は、共働き夫婦が片働き夫婦より多くなっており、働いて自分自身の給与や所得を得ている妻が多数になっている。

　このように、夫と妻がそれぞれ収入を得ている場合には、夫婦の生活費の負担方法、財産管理の方法は多様になっている。

　特に、夫と妻がそれぞれ自分の収入を別に管理し、財産も別に管理している場合には、そもそも清算的財産分与請求権があるのかという問題も出てくる。

　この問題については、これまで学説でもほとんど論じられてこなかったが、これからはこのような夫婦が増加すると思われ、問題が表面化するであろう。

2　財産分与請求についての民法768条は強行規定か

　財産分与請求について定めている民法768条は強行規定か、すなわち当事者の合意で、同条と異なる定めをすることができるかについては、学説は直接にはほとんど論じていない。
　通説は、抽象的財産分与請求権は離婚によって直ちに発生するとしているので、当事者の合意で財産分与請求権をなくすことはできないと考えるのが一般的であろう。
　しかし、財産分与は当事者がまず協議によって決定することになっており（同条2項）、また当事者が収入や財産管理方法について合意した事項は、財産分与の算定にあたり少なくとも「その他一切の事情」として考慮されることは間違いないだろう。

3　夫婦財産契約による取決め

　民法第4編親族・第2章婚姻・第3節は夫婦財産制を規定している。
　第3節の第1款は総則、第2款は法定財産制の規定である。
　そして、第1款の最初の条文である民法755条は、「夫婦が、婚姻の届出前に、その財産について別段の契約をしなかったときは、その財産関係は、次款に定めるところによる。」と定めている。
　この民法の条文の体裁から明らかなように、民法は、夫婦財産制について、夫婦が別段の契約をすることを原則とし、この契約がなかった場合に、夫婦の財産関係は、第2款の法定財産制によることになるとしている。
　民法756条以下で定める夫婦財産契約は、婚姻届出前に契約をしなければならず、また婚姻届出前までに登記しないと第三者に対抗できないこと、日本では婚姻前に財産についての契約を締結することは心情的な抵抗感が強いこと等から、ほとんど使われていなかった。
　しかし、欧米では特に資産家等が婚姻契約を締結することが多いことや、日本でもある程度の財産を持つ再婚夫婦等の間では、結婚前にそれぞれの財産の帰属等について明確にしておきたいという要請があり、夫婦財産契約が注目されるようになっている。
　この夫婦財産契約において、婚姻中の生活費の負担方法や、離婚時の財産

分与について合意した場合には、それがあまりに一方当事者に不利で公序良俗に反する等の事情がない限り、その合意は有効とされるであろう。

なお、大村敦志教授は、完全別産制の夫婦財産契約の場合「財産分与はどうなるのか（夫婦間での財産関係を清算する必要はないことになりそうだが、それでよいか）も問題になるだろう。」と述べている（大村敦志『家族法〔第3版〕』77頁（有斐閣、2010年））。

4　一部の財産が、財産分与対象財産とは認められなかった判例

夫と妻が、婚姻期間中、自己名義の財産を別々に管理していた場合について、事案によっては、財産分与請求が認められない可能性はある。

例えば、夫は画家、妻は童話作家で、妻の方が夫より収入や預貯金が多いケースで、妻が夫に対し財産分与を請求した事案について、裁判所は、「申立人（筆者注：妻）と相手方（筆者注：夫）は、婚姻前からそれぞれが作家、画家として活動しており、婚姻後もそれぞれが各自の収入、預貯金を管理し、それぞれが必要な時に夫婦の生活費用を支出するという形態をとっていたことが認められ、一方が収入を管理するという形態、あるいは夫婦共通の財布というものがないので、婚姻中から、それぞれの名義の預貯金、著作物の著作権についてはそれぞれの名義人に帰属する旨の合意があったと解するのが相当であり、各個人名義の預貯金、著作権は清算的財産分与の対象とならない。」と述べて、婚姻期間中に形成した財産のうち、各個人の預貯金、著作権を財産分与対象財産とはしなかった【東京家審平成6年5月31日家月47巻5号52頁（要約62）】。

なお、高裁もこの点については、「当事者双方はそれぞれ独自に芸術活動、作家活動をし、収支の管理をしていたものであるから、右の過程で形成されたそれぞれの名義（ペンネームを含む。）の預貯金、著作権等は各自の固有の財産権というべきであって、財産分与の対象となる共有財産には当たらないというべき」と述べて、原審判を維持している【東京高決平成7年9月22日（平成6年（ラ）第642号、同第645号）】。

この判例の理論がどこまで適用されるかは未だ明確ではないが、この判例の事案もそうであったように、妻の収入や財産が夫より多い場合の方が適用

される可能性があるので、注意が必要である。

> **実務の注意点**
>
> 1　妻の収入や財産が夫より多く、夫が妻に対して清算的財産分与を請求する場合であっても、財産分与の算定は、妻が請求する場合と同様で、2分の1ルールが適用されることになろう。
> 2　夫と妻が個別に収入や財産を管理している場合であっても、原則としては、各人が管理している財産も分与対象財産となると考えるべきであろう。

19

扶養的財産分与

離婚の条件として、妻から財産分与の他に月々の生活費を求められました。私の不倫が原因となった離婚なので、仕方ないとも思いますが、今後再婚した場合の生活費を考えると正直重荷です。払うとしてもいつまで支払わなければならないのでしょうか？

> **考え方の Point**
> 1 扶養的財産分与が認められるのは、極めて限られた場合である。
> 2 妻が主張しても、審判、訴訟で認められるケースは、かなり少ない。
> 3 夫が離婚を急ぐあまり、妻への扶養的財産分与を約束することがないように夫によく実務や判例を説明することが必要である。

1 はじめに

特に、夫に不貞行為等の有責行為がある場合には、妻に離婚を認めてもらう条件として、妻から離婚後にも毎月定額の金額を支払う条件が出されることがある。そして、夫はこれまでも婚姻費用を支払っていたことから、これと同額またはこれより低い金額の生活費であれば、離婚後も支払って早く離婚したいと考える夫もいる。また、そもそも離婚するには、離婚後も妻に毎月定額の金額を支払わなければならないと考えている夫もいる。

しかし、安易に離婚後の扶養的財産分与の支払いを認めると、離婚後の夫の生活が維持できなくなり、経済的破綻に追い込まれるケースもある。

したがって、まず、扶養的財産分与に関する実務、判例をよく説明した上で、全体的な離婚条件のなかで、扶養的財産分与をどうするかをよく検討する必要がある。

2 扶養的財産分与の理論

講学上、財産分与には、①清算的財産分与、②扶養的財産分与、③慰謝料的財産分与があるといわれている。

扶養的財産分与は、「補充的なものと位置づけられ、清算的財産分与さらには離婚慰謝料により生計を維持するに足りる財産を取得することができれば、扶養的財産分与の必要はないとするのが通説的見解である。」(島津＝注釈(22) 225頁)。

扶養的財産分与の根拠は置くとしても、扶養的財産分与は、主に結婚後に専業主婦となったために離婚後に仕事に就くことが困難な妻に対して、夫が離婚後も扶養を継続するものといえよう。

したがって、結婚後も共働きを続けていた夫婦の場合には、そもそも扶養的財産分与を検討する余地はない。

また、専業主婦であっても、離婚時の清算的財産分与がかなり見込める場合や、親からの遺産相続等で妻自身がかなりの資産を持っている場合には、扶養的財産分与をする必要はないだろう。

3 扶養的財産分与を認めた判例

以下、扶養的財産分与を認めた平成以降の判例を挙げる。

① 【東京地判平成9年6月24日判タ962号224頁】

清算的財産分与金2382万5000円、未払婚姻費用1168万円に扶養的要素約100万円を考慮して、妻が取得する財産総額を合計3650万円とした。なお、これは現金ではなく、妻が居住用不動産等を取得することによって分与を受けるものである。

② 【名古屋高判平成18年5月31日家月59巻2号134頁】

清算的財産分与が100万円程度であった事案について、妻の請求に基づき妻と3人の子が居住している夫名義のマンション(オーバーローンであったため、妻の持分6分の1を夫に分与)について、扶養的財産分与として、二女が高校を、長男が小学校を卒業する時期(離婚から約8年を経過した時期)まで夫を貸主、妻を借主として、使用貸借契約を設定させた。

4 妻の扶養的財産分与の主張を排斥した判例

平成以降の主な判例として以下のものがある。

① 【東京高判平成10年3月18日判時1690号66頁(要約63)】

妻が離婚後の扶養料として死亡時まで月額20万円の支払いを求めたのに対し、妻がかなり多額の財産を有していると推認されること、妻が所有している自宅は相当の価値を有すること等から理由がないとして、妻の請求を排斥した。

② 【東京地判平成12年9月26日判タ1053号215頁】
妻が財産分与として、一時金の他に夫の厚生年金収入の2分の1に当たる月額9万円の定期金支払いを求めたが、1500万円の一時金の支払いのみを認めた。一時金は一定のまとまった額にのぼること、妻に国民年金の収入があることを考慮すると、新たな生活を始め、一定水準の暮らしをしていくには差し当たり十分であるとして、妻の定期金の請求を排斥した。

③ 【大阪高決平成17年6月9日家月58巻5号67頁】
夫が交通事故により傷害保険金を取得したが、後遺傷害のため定職に就くことが事実上困難であるため、パートの仕事により月約10万円の収入がある妻からの扶養的財産分与の請求を排斥した。

5 扶養的財産分与の金額および方法

扶養的財産分与が認められる場合は、金銭の支払いによる方法が通常であり、離婚時の一括払いと離婚後一定期間中の定額払いの方法がある。

更に、前記3②の判例のように、夫所有の不動産について、一定期間の使用貸借を認める方法や夫所有の土地に借地権を設定する方法もある。

実務の注意点

1 妻が扶養的財産分与を要求する場合には、上記の通説や判例に従って、これを認める必要があるかどうかをよく検討する必要がある。
2 上記の判例はいずれも年金分割が認められる以前のものであり、離婚後に年金分割により妻が相当額の年金を受給できる場合には、この点も考慮すると、扶養的財産分与が認められる事案はかなり限られることになろう。

20

妻が勝手に引き出した夫の預金

妻が離婚を希望して家を出ました。家計は全て妻の管理で、給与が振り込まれる通帳もこれまで積み立てた定期預金も全て妻が管理していました。実際どのくらい財産があるのかもわかりません。手持ちの現金が無くなると生活費にも困ってしまいます。

> **考え方のPoint**
> 1 財産分与の算定においては、妻が既に取得した分として計算される。
> 2 婚姻費用の算定において、通常は妻が勝手に下ろした夫の預金は考慮されない。
> 3 別居した妻が通帳等を所持し、返却しない可能性が高い場合には、金融機関に紛失届を提出する。

1 はじめに

　夫婦の家計管理の方法は様々あるが、妻が専業主婦やパート勤務の場合には、夫の給与振込口座の通帳やキャッシュカードを妻が管理している場合が多い。極端な場合には、妻に家計管理一切を任せ、自分は妻から小遣いをもらうだけで、家にいくら預金があるのかは全く知らないという夫もいる。
　このような夫の場合、生涯幸せな夫婦生活が続けば問題はないが、ある日突然妻から離婚を切り出されると、極めて不利な状態になる。
　自分や妻の預金や有価証券等の財産がどこにいくらあるのか全く知らないと、妻にこれを隠されたり、妻名義の預金にされても手も足も出ないことになる。このような結果を防ぐためには、いくら妻を信頼しているからといっても、少なくとも自分の預貯金や有価証券等がどこの金融機関にいくらあるかは、定期的に確認しておくことが必要である。
　そして、別居した妻が夫名義の預金の通帳、印鑑、キャッシュカード等を所持しており、妻がこれを返却しない可能性が高い場合には、金融機関にキャッシュカード等の紛失届を提出して、妻が預金を引き出せないようにすべきである。

2　婚姻費用算定の場合

　妻が、夫名義の預金を勝手に下ろして別居し、その後夫に対し婚姻費用請求の調停申立てをするケースも少なくない。

　このような場合、夫とすれば、踏んだり蹴ったり、盗人に追い銭などと思うかもしれない。

　しかし、婚姻費用の調停実務では、婚姻費用は、原則として夫と妻の収入を基準に算定するので、妻が勝手に下ろした夫の預金は考慮しないとされている。

　松谷佳樹判事は、「権利者が、別居時に夫婦の共有財産である預金等を勝手に引き出して、持ち出していた場合でも、この持出金は基本的に財産分与の中で考慮されるべき問題であって、婚姻費用の算定においては考慮しないとするのが現在の家庭裁判所の一般的な取扱いである。そもそも算定表における婚姻費用の算定は、従前から資産の一部を取り崩して生活費を捻出していたなどの例外的な事例を除き、双方の資産（ストック）を基本的に考慮することなく、双方の日々の収入（フロー）に基づいて算定しており、例えば、義務者が多額の夫婦共有財産を管理していたとしても、特に婚姻費用額を増額しないのと同様に、権利者が夫婦共有財産を持ち出していたとしても、婚姻費用額を減額しないのが原則である。また、いくら持ち出したかが争いになるケースも少なくなく、これを婚姻費用の調停・審判で取り扱うのはやや審理が重くなりすぎ、簡易迅速に決定されるべき婚姻費用の性質に反する。こうした問題は財産分与額の判断のときに処理すればよいし、それが問題の性質上適切である。」と述べている（家事事件・人事訴訟事件の実務91頁）。

　なお、婚姻費用算定にあたり、妻が持ち出した預金を考慮した判例もあるが【札幌高決平成16年5月31日家月57巻8号94頁（要約29）】[1]、これは現在の実務の主流とはいえない。

3　財産分与算定の場合

　上記のとおり、別居の際に、妻が夫の預金を勝手に払い戻したことは、通常婚姻費用の算定では考慮されない。

しかし、このことは、離婚時の財産分与算定にあたっては、当然考慮することになる。

具体的には、夫名義の預金は、これが婚姻期間中にできた預金であれば、財産分与対象財産となり、他の財産（婚姻期間中につくった財産であれば、妻名義の財産も含まれる）を合算して財産分与対象財産を確定する。

そして、原則としてその2分の1が妻の取得分となるが、その妻の取得分から、妻が引き出した預金分を引くことになる。

この計算によって、妻の取得分が0ないしマイナスになった場合には、裁判所は、財産分与として、妻に対し、夫へのマイナス分の返金を命ずることになる。

しかし、妻が夫への返金を命ぜられた場合であっても、妻に財産がない場合には、強制執行をすることができず、現実には妻からお金を取れないことになる。

このようなリスクもあり得るので、婚姻期間中から、妻が夫名義の預金から生活費以上に下ろすことができないように、生活費口座と貯蓄用の口座を別にして、妻には、生活費口座のキャッシュカードのみを渡す等の方法を講じることが考えられる。

実務の注意点

1. まず、夫名義の預貯金から妻が生活費以上にお金を下ろすことができないように、生活費口座と貯蓄口座を分けて、生活費口座のみを妻の管理に任せる等の方法をとっておくことである。
2. 妻が別居して夫名義の預金のキャッシュカードや通帳を持って行った場合には、速やかに金融機関に連絡して、その口座からの払い戻しを止めるべきである。

1）【前掲札幌高決平成16年5月31日】は、妻が別居に際して持ち出した預金が審判時に約550万円ある事案について、「X（妻）が共有財産である預金を持ち出し、これを払い戻して生活費に充てることができる状態にあり、Y（夫）もこれを容認しているにもかかわらず、さらにYに婚姻費用の分担を命じることは、Yに酷な結果を招くものといわざるを得ず、上記預金から住宅ローンの支払に充てられる部分を除いた額の少なくとも2分の1はYがXに婚姻費用として既に支払い、将来その支払に充てるものとして取り扱うのが当事者の衡平に適うものと解する。」と述べて、妻の月7万円の婚姻費用請求の申立てを却下した。

21 夫の特有財産

妻と離婚することになりました。妻は自宅の財産分与を要求しています。ただ、この自宅は私の父の持つ土地に、父が頭金を援助してくれて建てたもので、その後のローン返済は私がしていました。それでも財産分与の対象となりますか？

考え方のPoint
1. 夫の結婚前の預金や、親などからの贈与や相続で得た財産は、夫の特有財産として、財産分与対象財産にはならない。
2. 夫の特有財産であることは、事実上夫が立証する必要がある。
3. 夫の特有財産が、形を変えている場合には、その過程を丁寧に主張・立証することが大切である。

1 はじめに

　財産分与の審判や訴訟においては、しばしば夫、妻の双方から、結婚前の預金であるとか、親からの贈与や相続によって得た財産であるので、その財産は財産分与対象財産ではないとの主張がされる。

　しかし、結婚生活が長い場合には、結婚前の預金の存在を示す証拠や、親から贈与を受けた現金であることなどを示す証拠がない場合も多い。

　妻に家計管理一切を任せていた夫の場合には、資産形成の過程がわからない人もいる。

　また、親からもらった現金を自宅不動産購入の頭金の一部にしたり、住宅ローンの繰り上げ返済に使ったりしている場合などは、その特有財産の計算が難しくなる。

　更に、親からもらった財産で投資用マンションや株式を購入した場合には、そのマンションを貸して得た家賃や株式の配当金を、夫の給与と区分することも容易ではない。

　いずれにしても、できる限り、夫から結婚以降の財産の流れを聴き取り、証拠を集めて、夫の特有財産であることの主張・立証をする必要がある。

2　清算的財産分与の対象財産

「婚姻中の夫婦の協力による共同形成財産が清算の対象財産であり、婚姻前に取得していた財産や婚姻中の取得であっても第三者から無償取得（相続・贈与）した財産は各配偶者の特有財産（個人財産）であり清算対象財産とはならない。」（島津＝注釈（22）210頁）

婚姻中に夫婦が協力して形成した財産であれば、その名義が夫妻いずれのものであっても財産分与対象財産となる。

近年は、結婚後に購入する自宅マンションや一戸建てについて、夫と妻の共有名義にする人が多い。そして、夫の持分が3分の2、妻の持ち分が3分の1といったように、夫の持分が妻の持分より多い場合が一般的である。

このように自宅の夫の持分が妻の持分より多いとしても、婚姻後に取得した自宅不動産は、その全体が財産分与対象財産となる。【東京高判平成8年12月25日判タ965号226頁】は、不動産について、夫が10分の9、妻が10分の1の持分登記をされていても全部財産分与の対象になるとした。

3　夫の特有財産

上記のとおり、夫が婚姻前に取得した財産、婚姻中に相続・贈与により取得した財産は、夫の特有財産として、財産分与の対象財産にはならない。

やや特殊な事案であるが、夫が自分の小遣いで購入した万馬券を換金して得た資金で、購入した居住用不動産（本件物件）について、裁判所は、「この万馬券は夫婦の婚姻中に購入されたものであるし、本件物件はもともと夫婦及び家族の居住用財産として購入され、現に12年もの間夫婦の生活の本拠として使用されてきたものであること、万馬券というのは射倖性の高い財産で必ずしも夫の固有の才覚だけで取得されたものともいえないこと、万馬券が夫の小遣いで購入されたものであるとしても、小遣いは生活費の一部として家計に含まれると考えることができること」から、本件物件を夫の特有財産とは認めなかったが、万馬券による収入については、夫の運によるところが大きい等として、妻に本物件の3分の1だけの分与を認めた【奈良家審平成13年7月24日家月54巻3号85頁】。

特有財産の立証について、実務上は、「婚姻中に形成された財産について

は、証拠上、特有性が明らかにならない限りは夫婦の実質的共有財産と推定される。」と解されている（松原＝人事訴訟324頁）。

4　夫の特有財産の維持等に妻の貢献があった場合

　上記のとおり、夫の特有財産は財産分与対象財産とはならないが、妻がその特有財産の維持に積極的に寄与し、その散逸を防止したなどの特段の事情がある場合には、その特有財産の一部が財産分与対象財産となる。【東京高判平成7年3月13日家月48巻8号72頁】は、特段の事情がないと判示した事例である。

　また、【東京高判昭和55年12月16日判タ437号151頁】は、夫が父から無償で譲り受けた借地権の維持に関する妻の貢献を借地権価額の1割と認め、これを財産分与対象財産とした。

実務の注意点

1　夫の特有財産と見られる財産がある場合には、その特有財産が、どのような経過をたどって、別居時の財産になったかを主張・立証する必要がある。
2　妻が夫の特有財産の維持に寄与したとの主張をした場合には、それが特別の寄与とは認められない事情を主張・立証することが大切である。

22

債務の分与

妻と離婚することになり、専業主婦の妻から3000万円の自宅マンションの財産分与を要求されました。このマンションは35年ローンで私が支払ってきたものですが、あと20年は支払いが続きます。このマンションも分与の対象となるのでしょうか。妻のものとなった場合、残りのローンは誰が支払うのでしょうか。

> **考え方のPoint**
> 1　夫婦に債務しかない場合には、財産分与請求権は認められない。
> 2　住宅ローンは、不動産価額からローン残高を控除した価額が、分与の対象財産となる。
> 3　住宅ローンの残額が、不動産価額より多い場合には、原則財産分与の対象としない。
> 4　夫婦の生活費等のために負担した債務は、積極財産から控除される。

1　はじめに

　財産分与の審判や訴訟において、夫婦に住宅ローンや自動車のローン、消費者金融会社からの借入金等の債務がある場合が少なくない。夫がこのような債務を負担している場合、その債務は夫婦や子どもとの生活のために負ったものであるから、夫は離婚にあたって当然その債務の少なくとも半分を妻が負担すべきであると考える。しかし、現実の審判や訴訟では、そのような考え方をとっていない。
　財産分与は、原則としてプラスの財産の分与をするものであるとして、債務の分与については、これを考慮しない審判や判決が一般的である。この点は、依頼者の感覚と訴訟実務が離齬しており、なかなか依頼者の理解を得られないことがある。したがって、裁判実務をよく説明した上で、財産分与にあたり、債務を考慮させる余地がないかどうかを検討することが必要である。

2 債務の分与に関する調停実務の考え方

　財産分与の規定は、積極財産を対象にしており、離婚の際に債務を分担させることは想定されていないと解されている（島津＝注釈（22）219頁）。
　調停実務では、「清算的財産分与は、財産分与の対象となる不動産や預貯金等の積極財産がある場合には、請求できますが、積極財産がなく、双方が婚姻生活を営むために負った債務しかない場合には、清算すべき対象財産がないとして請求できないとされています。次に積極財産と債務の両方がある場合には、積極財産の評価額から債務を控除して、プラスとなれば積極財産があるとして財産分与請求権を認めています。しかし、プラスとならないときは、積極財産がないとして財産分与請求権を認めていません。」（秋武＝調停299頁）としている。

3 控除する債務——債務超過でない場合

(1) 婚姻後の資産形成で生じた債務

　では、どのような債務が控除の対象となるのだろうか。実務においては、分与する財産が債務超過でない場合には、「婚姻後の資産の形成に関連して生じた債務」は、積極財産から控除する（松谷佳樹「財産分与と債務」判タ1269号7頁（2008年））としている。これは例えば住宅ローンや車のローン等で、住宅や車が財産分与の積極財産であれば、これを取得するために負担したローンは消極財産として計算することになる。

(2) 生活費・教育費

　次に、生活費の不足を補うために借入れをしたカードローンや教育ローンについても、債務として控除することになろう。
　この点について、夫又は妻の借入債務については、その使途が生活費や教育費であるのか、個人の遊興費等であるかが争われることが多い。判例では、妻の借金約1400万円について、それは「妻の個人的な投資の失敗に基づくものが大半であるから、財産分与算定の消極的要素としてこれを全額基礎にすることは相当ではないから、右の約3分の1に相当する金500万円を財産分与算定の基礎に入れることにする。」としたものがある【東京地判平成5年2月26日判タ849号235頁】。

4 債務超過の場合

積極財産より債務が多い場合（特に、自宅不動産の価額より住宅ローンの残額が多い、オーバーローンの場合が多いであろう）には、前記のとおり財産分与請求権は認められない。この場合、離婚後も当該債務はその債務者がそのまま返済をすることになる。そして、当該自宅不動産は、財産分与対象財産にはならないので、そのままの状態でいわば放置されることになる。

5 財産分与の対象とならなかった不動産の処理

自宅不動産がオーバーローンで、他の共有財産をもっても差額の債務部分を補うことができない場合には、清算的財産分与請求権は認められない。しかし、例えば夫が住宅ローンの債務者で、別居後妻がその住宅に住んでいる場合には、妻にその自宅を明渡してもらう等の協議をするべきであろう。

判例では、離婚及び財産分与を命ずる判決が確定した後に、前記財産分与の計算から外された不動産（元夫名義）を占有する被告（元妻）に対して、原告（元夫）が明渡しを求めた事案において、本件不動産については、離婚訴訟の際の財産分与とは別個に権利関係を確定し、その清算に関する処理がされるべきところ、本件不動産の取得にかかる原資の約3分の1を自己の固有財産から出捐した被告には、本件不動産のうち少なくとも3分の1の持分が帰属するから、原告は、現に本件不動産を占有する被告に対し、所有権に基づき、当然に明渡しを求めることはできないとして、原告の明渡し請求を退けるとともに、被告が持分を超えて占有する部分については、権原のない占有であるとして使用料相当の損害金の支払いを被告に命じたものがある【東京地判平成24年12月27日判時2179号78頁】。

実務の注意点

1 夫婦に債務がある場合には、その債務が積極財産から控除できる債務であるかどうかを、その使途等から精査することが重要である。
2 オーバーローンの場合であっても、その自宅不動産を夫か妻のいずれかの実質的単独所有として、他方が使用する状態を解消するように、調停等で説得する努力をすべきである。

23

妻の借金

妻宛の借金の督促状が山のように見つかりました。問い詰めたところ、6社に総額700万円もの借金があると泣きながら言われました。専業主婦の妻に家計の管理を任せていたのですが、この借金は私が払わなければならないのでしょうか。離婚した場合はどうなりますか？

> **考え方のPoint**
> 1　妻が、カード会社等からした借金は、原則として、日常家事債務とは認められず、夫に法律上の返済義務はない。
> 2　妻の債務が、生活費を支払うためのものと認められる場合には、離婚時の清算的財産分与の積極財産額からその債務額を控除して、財産分与額を算定することになる。

1　はじめに

　妻によって家計管理の能力は様々である。家計簿をきちんとつけて、夫の給与から毎月預金をする妻もいるし、クレジット会社からのキャッシングを繰り返して、いつの間にかその総額が数百万円に達してしまう妻もいる。家計管理能力の程度は、その両親の影響を受けていることが多く、また整理整頓能力と関連していることも多い。
　夫としては、妻に家計管理を任せっぱなしにしないで、定期的に、預金の額やカード会社からの請求書を確認する必要がある。中には、夫から叱責されることを恐れて借金があることをひた隠しにしている妻や、借金返済のために夫に隠れてキャバクラ等に勤めている妻もいる。夫としては、妻の行動に注意して、借金がかさまないうちに対応することが大切である。

2　日常家事債務の範囲

　民法761条は、「夫婦の一方が日常の家事に関して第三者と法律行為をし

たときは、他の一方は、これによって生じた債務について、連帯してその責任を負う。ただし、第三者に対し責任を負わない旨を予告した場合は、この限りでない。」と定める。この「日常の家事」とは、夫婦の共同生活から生ずる通常の事務と解されるが、その範囲は、当該夫婦の社会的地位、職業、資産、収入等によって異なる。単純な消費貸借による借財については、日常家事債務とは認めない判例が多い。借財であっても、子どもの英語教材代金支払いのため妻が夫名義でした立替払い契約【東京地判平成10年12月2日判タ1030号257頁】程度であれば、日常家事債務と認められる。

したがって、妻がクレジット会社、銀行、消費者金融会社等から借り入れた債務については、通常日常家事債務とはいえず、夫は、その返済について、クレジット会社等に対して連帯債務を負うことはない。

3　財産分与における妻の借金

離婚時の清算的財産分与の算定にあたって、妻の債務はどのように考慮されるかが問題となる。実務では、婚姻生活を維持するために生じた債務は、これが日常家事債務ではなくとも考慮している。

具体的には、生活費の不足を補うためにキャッシングをした場合や子どもの入学金のために教育ローンを借りたといった場合である。

このような婚姻生活を維持するために生じた債務は財産分与対象の積極財産から差し引き、残額を夫と妻で原則として2分の1ずつ取得することになる。

しかし、積極財産がない場合には、原則として財産分与はないことになる。

この場合に、妻が婚姻生活を維持するために負った債務は、これが日常家事債務でない限り、夫は債権者に対し支払い義務を負わず、妻が返済しなければならないことになる。

実務の注意点

1　妻に多額の債務がある場合に、夫は自分が支払債務を負うことを恐れて離婚する場合がある。しかし、原則として妻の借金は夫には支払義務がないので、これを理由とする離婚は選択すべきではない。
2　妻が専業主婦で資産もない場合には、妻が破産手続をすることで、家計の立て直しを図ることもあり得る。

24

退職金の財産分与

定年まであと3年というところで、妻から離婚を求められました。財産分与として、将来支給されるであろう退職金も含めるよう要求されています。今持っている財産だけではなく、退職金まで財産分与に含めなければならないのでしょうか？

> **考え方のPoint**
> 1 退職時に支給される蓋然性が高い場合、財産分与の対象財産となる。
> 2 未支給の退職金は、会社の退職金規程等からその支給額を計算する。
> 3 離婚時に退職金部分の財産分与ができない場合、退職金支給時の支払いを主張する。

1 はじめに

　婚姻期間が長い夫婦の離婚の場合には、夫の退職金の財産分与が大きな問題となる。会社員や公務員にとっては、退職金は生涯で受け取る最も高額の収入であり、妻は夫の退職金の支給を待って離婚の申入れをすることもある。夫とすれば、40年もの長い間汗水流してやっともらえる退職金を、離婚する妻に分けることに抵抗がある人もいる。また、退職してやっと夫婦で悠々自適の生活を送ろうと思っていた矢先に、妻から離婚の話をされて、愕然とする夫もいる。

　このような夫に、離婚後の生活設計や退職金の分与を説明することは容易ではない。しかし、夫自身も夫婦関係がうまくいっていないことを自覚しており、離婚もやむなしと考えている場合には、退職金の財産分与に関する判例や実務をよく説明して、離婚後の生活設計を立てるように誘導すべきである。

2 既に支払われた退職金の財産分与

　婚姻中に既に支払われた退職金については、婚姻期間（同居期間）に対応

する部分が財産分与の対象財産になることは争いがない。

財産分与の対象財産の計算方法には、以下の方法がある。
① 勤務年数における同居期間の割合で計算する方法
　財産分与対象退職金額＝支給退職金額×同居期間÷勤務期間
② 勤務年数の支給率における同居期間の支給率の割合で計算する方法
　財産分与対象退職金額＝支給退職金額×同居期間の支給率÷勤務期間の支給率

上記のうち、①の方法が一般的だが【横浜家審平成13年12月26日家月54巻7号64頁】、特に②の方法をとった判例もある【水戸家龍ヶ崎支審平成9年10月7日家月50巻11号86頁（要約66）】。

一般に退職金の支給率は勤続年数に比例していないので、勤務期間に比して同居期間が短い場合には、②の計算方法の方が財産分与対象金額が少なくなる。

3　将来支払われる退職金

離婚時に未だ支払われていない退職金については、その支給を受ける蓋然性が高い場合には、財産分与の対象とするのが、主要な判例の考え方である【東京高決平成10年3月13日家月50巻11号81頁（要約66）】[1]。

支給の蓋然性については、勤務会社の規模、退職金規定の有無および内容、勤務年数、定年退職までの期間等によって判断される。

将来支払われる退職金の分与時期については、以下の2つがある。
① 離婚時に即時分与を認める場合
② 将来の退職金支給時を支払い時期とする場合

また、将来支払われる退職金の計算方法については、次の2つがある。
a）　将来の退職金見込額を基準とする方法【東京地判平成11年9月3日判タ1014号239頁（要約67）】[2]
b）　離婚時に退職したと仮定して算定する方法

実務上は、bの方法が多く使われている。

現在は、以前より一企業における勤務年数が減っており、夫が定年まで同じ企業に勤務する可能性は減っている。また、企業の倒産、合併等によって、退職金規定が変更される可能性も高くなっている。

したがって、①の退職金見込み額を基準とする方法は、退職時までの期間が数年と短く、夫が公務員や大企業社員の場合等に限定されるべきであろう。

> **実務の注意点**
>
> 1　退職金の財産分与については、まず上記の方法によって、分与額を試算することが大切である。
> 2　その上で、離婚時の分与を主張するか、退職時の分与を主張するかについて、依頼者とよく相談して方針を決めることである。
> 3　妻にも退職金の受給が見込める場合には、当然この点も主張すべきである。

1）【前掲東京高決平成10年3月13日】は、原審判から約7年後に定年退職する予定の夫の退職金について、退職金の支給時に妻への支払いを認めた。
2）【前掲東京地判平成11年9月3日】は、6年後の退職金見込み額のうち婚姻期間相当分につき、ライプニッツ係数を使用して中間利息を控除して現在額に引き直した額の2分の1の分与を命じた。

25

年金の財産分与

妻と離婚した場合、私の年金が分割支給対象になると聞きました。妻は専業主婦でしたので、生活のために年金を分割するのは仕方がないと思いますが、私にも老後の生活があるので不安です。どのくらいの額が分割の対象となるのでしょうか。

> **考え方のPoint**
> 1　実務では按分割合は、原則として0.5（50％）とされている。
> 2　別居期間が相当長期に及んでいる等の場合、0.5以下の按分割合を主張することを検討すべきである。
> 3　年金分割の請求は離婚後2年以内に請求しなければならないので、手続きをよく依頼者に説明する必要がある。

1　はじめに

　年金分割制度ができるまでは、夫の年金を妻に分与することは容易ではなかった。年金支給者から直接妻に年金を支払う制度がなかったため、財産分与の考慮事情の1つとして離婚時の金銭による財産分与額を増加させたり、夫に厚生年金の受給時から毎月妻に一定額を支払うよう命ずる審判、判例もあった。しかし、金額や支払いの実効性のいずれの面でも不十分であった。
　平成19年から年金分割制度が施行されたことにより、特に婚姻期間が長く、専業主婦やパート労働の妻の場合には、離婚後の生活の安定にかなり資することになった。そのため、離婚意思はあったが、離婚後の経済的な生活の不安のために離婚をためらっていた妻が、離婚する事案も出てきた。
　年金分割制度は、法律上の制度であることから、その按分割合は当然に0.5（50％）であると考えている当事者や弁護士がいる。
　確かに、実務では按分割合0.5が原則であるとして、これ以外の按分割合を認めない傾向がある。
　しかし、年金分割はあくまで財産分与の一種であるので、事案によっては、0.5以下の按分割合を主張することもあり得ることを忘れてはならない。

2 年金分割に関する調停実務の考え方

　調停実務では、「現行の被用者年金の中心となる老齢年金は、その性質及び機能上、基本的に夫婦双方の老後のための所得保障としての社会保障的意義を有しています。婚姻期間中の保険料納付は、互いの協力により、それぞれの老後等のための所得保障を同等に形成しているという意味合いを有しているものといえるからです。したがって、対象期間における保険料納付に対する夫婦の寄与の程度は、特別の事情がない限り、互いに同等とみるのが制度の趣旨と解されています。それゆえ、同居期間に比例して割合が決まるものではなく、別居期間があっても、原則としては2分の1と考え、別居期間が長期間に及んでいることやその原因等については、例外的な取り扱いに関する考慮事情とするにとどめるべきでしょう。」(秋武＝調停367頁)。
　このように、調停では、ほとんど当然に按分割合を0.5とする扱いがされており、これが争点になることはほとんどない。

3 按分割合を0.5とした判例

　別居期間がかなり長期に及んでいる夫婦の場合であっても、按分割合を0.5とした判例が多い。
① 【札幌高決平成19年6月26日家月59巻11号186頁】
　婚姻期間35年程度の夫婦の夫が、定年退職前7年間別居し、定年退職後は家庭内別居であると主張して、按分割合を0.5と定めた原審判に対して抗告した事案について、裁判所は、「婚姻期間中の保険料納付や掛金の払い込みに対する寄与の程度は、特段の事情がない限り、夫婦同等とみ、年金分割についての請求割合を0.5と定めるのが相当であるところ、抗告人(筆者注：夫)が主張するような事情は、保険料納付や掛金の払い込みに対する特別の寄与とは関連性がないから、上記の特段の事情に当たると解することはできない。」として抗告を棄却した。
② 【東京家審平成20年10月22日家月61巻3号67頁】
　婚姻期間30年のうち13年間別居していた夫婦について、「別居後も、当事者双方の負担能力にかんがみ相手方(筆者注：夫)が申立人(筆者注：妻)を扶助すべき関係にあり、この間、申立人が相手方に対し扶助を求める

ことが信義則に反していたというような事情は見当たらないから、別居期間中に関しても、相手方の収入によって当事者双方の老後等のための所得保障が同等に形成されるべきであったというべきである。」として、按分割合を0.5とした。

　この東京家裁の裁判例は、婚姻費用分担請求と同様の考え方をとっている。したがって、別居中の妻からの婚姻費用分担請求を認めない事由、特に妻に不貞行為等の有責行為がある場合には、その別居期間中の保険料納付については、妻の寄与がないとして、按分割合を0.5以下とする可能性はある。

4　按分割合を0.5以下とした判例

　夫が元妻に対し、離婚成立後に、妻が加入している私学共済年金に関する年金分割について請求すべき按分割合を0.5と定めるよう求めた事案について、【東京家審平成25年10月1日判時2218号69頁】は「申立人（筆者注：元夫）と相手方（筆者注：元妻）夫婦の婚姻期間50年と、そのうち、主として申立人の収入で家計が維持されていた30年との比例的な関係を対応させて、申立人の年金分割の按分割合を30％と認めるのが相当である」とした。

　この事案では、元妻は離婚調停成立後に、元夫の厚生年金について、年金分割の申立てをなし、元妻の請求すべき按分割合を0.5と定める審判が下されている。裁判所は、離婚前約13年間は、専任教員として得た収入で主として家計が維持されていたこと等を考慮して、按分割合を0.3としたが、この理由は、年金分割の制度趣旨には合致しておらず、妻が年金分割を請求する場合にも同様の判断が出るかは疑問である。

5　企業年金等について

　年金分割は、厚生年金および共済年金のみを対象とするので、企業年金、民間会社との契約による私的年金、確定拠出年金の分割制度はない。

　これらの年金も、婚姻期間中の保険料等に対応する部分は、財産分与の対象になり得る。

しかし、年金分割制度と異なり、その評価や支払方法等に関する問題点が多く、特に年金分割制度の施行以降は、企業年金等の分与を認めた判例は見当たらない。
　少なくとも、妻に年金分割が認められる場合には、それに加えて、扶養的財産分与として企業年金等の分与が認められることはないであろう。

> **実務の注意点**
> 1　年金分割制度について、別居期間があっても、特別の事情がない限り按分割合は0.5となることを、よく依頼者に説明することが大切である。
> 2　妻の不貞行為等の有責行為によって別居期間が長期になった場合には、按分割合を0.5以下とする可能性があるので、これを主張すべきであろう。

第4章

婚姻費用

26

別居した妻からの生活費支払要求

何が不満なのか、妻が家を出て行きました。別々に暮らすので生活費をよこせと言います。虫のいいことを言うなと断ったところ、夫には婚姻費用を支払う義務があると言われました。それは本当なんですか？ なんで勝手に出て行った妻の面倒を見なければならないのですか。

> **考え方のPoint**
> 1　夫婦は、民法760条に基づき婚姻費用分担義務を負い、その終期は離婚までとされている。
> 2　夫婦の婚姻費用分担義務は生活保持義務とされ、妻に自己と同一の生活水準を保証すべきとされる。

1　はじめに

　妻が勝手に家を出て別居し、夫に生活費を請求した場合の夫の反応は様々である。

　妻は子どもを育てているので、子どもに父母の別居の影響をできるだけ与えないためにも、適正な金額の婚姻費用を支払うことは当然であると考える夫もいる。

　逆に、妻が勝手に家を出て、子どもとも会えない状態が続いているのに、なぜ婚姻費用を払わなければならないか納得できない夫もいる。

　また、妻の実家は裕福で、妻の両親は妻に離婚をたきつけているから、婚姻費用を支払う必要はないと主張する夫もいる。

　夫が別居した妻に婚姻費用を支払うことを納得できない場合には、まずなぜ夫が別居している妻に婚姻費用を支払わなければならないかをよく説明することが大切である。

　また、夫が離婚についてどう考えているかをよく聞いた上で、夫が離婚意思を固めている場合には、早く離婚することによって、妻に支払う婚姻費用額を抑えることができるので、早急に離婚調停の申立てをすることを検討す

べきである。

2　婚姻費用分担義務の根拠

　民法760条は「夫婦は、その資産、収入その他一切の事情を考慮して、婚姻から生ずる費用を分担する。」と定める。

　また、民法752条は、「夫婦は同居し、互いに協力し扶助しなければならない。」と定めている。

　この婚姻費用分担義務と扶助義務との関係について、学説は分かれている。

① 　通説は、「扶助は夫婦が互いに自分の生活を保持するのと同様に相手方の生活を保持することであるから、結局は婚姻関係の保持ということになり、法定財産制にいわゆる『婚姻から生ずる費用』の負担と同じことになる」としている（青山道夫・有地亨編『新版注釈民法（21）親族（1）総則・婚姻の成立・効果―』427頁（有斐閣、1989年））。

② 　我妻説「752条は、夫婦共同生活の本質として、夫婦間の生活保持義務を示したものであり、760条は、それに必要な費用の負担者を定めたものである。前者は、夫婦関係の本質的要素であって、これに違反する合意は許されない。これに反し、後者は、夫婦財産契約によってこれと異なる定めをすることも―前者に違反しない限りでは―許される」（我妻＝親族法85頁）

③ 　有地説「別居中であっても、夫婦間になお相互の信頼関係の回復が期待され、夫婦の婚姻生活共同関係の回復の可能性が見出される限り、夫婦に婚姻費用の分担義務を課することができる。しかし、夫婦関係が破綻し、もはや婚姻共同生活体の回復は不可能とみられるような場合は、もはや婚姻費用の分担の問題ではなく、夫婦の一方が生活に困窮しているならば、他方に扶助義務の履行を命ずべきである」（有地亨「婚姻費用分担の請求（2）」判時441号99頁（1966年））

　判例は、①の説をとっており、実務では、ほとんど民法760条に基づく婚姻費用の分担を求める調停、審判の申立てがなされている。

3 別居後の婚姻費用分担義務

　婚姻費用分担請求がなされるのは、通常夫婦が別居してからである。

　判例は、婚姻が事実上破綻した状態で別居する夫婦間においても、婚姻費用分担請求の申立ては許されるとしている。

　しかし、以下のように述べて、正当な事由なく別居する妻からの婚姻費用請求を認めた原審判を取り消した判例もある【東京高決昭和42年9月8日家月20巻4号16頁】。

　「配偶者の一方が、相手方配偶者の意思に反して、あるいは正当の事由もなく、独断的に別居を敢行した場合にまで、当該配偶者に、相手方配偶者に対する自己の生活に要する費用等の支出を請求する権利があると解することは相当でない。けだし、右規定の趣旨は、夫婦相互の同居および協力扶助の義務を定めた民法第752条と相俟つて、夫婦相互の協力による健全な婚姻生活の保持を計つているものであつて、今日の社会体制ならびに社会通念においては、健全な婚姻生活の本質的な要素は、なんといつても、夫婦の同居と相互協力にあるというべきであるから、婚姻生活の右本質的要素を構成する義務に正当な事由もなく、自ら積極的に違背する挙に出ている者にまでなお相手方配偶者から、生活費等の支払をうける権利を認めることは、他に特段の事由（未成年の子を伴つている等）でもない限り、とりも直さず、健全な婚姻生活の破壊を是認し、助長することに帰するからである。」

　実務では、民法760条の婚姻費用分担義務は、自己の生活を保持するのと同程度の生活を相手にも保持させる義務（生活保持義務）であるとされ、妻が有責配偶者でない限り、別居し婚姻が破綻していても離婚までは妻からの婚姻費用請求を当然のように認めている。

　しかし、その根拠については、家庭裁判所の婚姻費用事件が増加し、算定表による婚姻費用の算定が一般化されてからは、ほとんど議論されないようになっているのが実情である。

実務の注意点

　夫が、別居中の妻に婚姻費用を支払う義務があることについては、法律論を説明するとともに、婚姻費用を支払わないことによる離婚調停・訴訟における悪影響についても説明する必要がある。

27

婚姻費用の算定

別居中の妻から生活費を要求されています。妻と子ども1人で月々15万円欲しいと言われています。私の稼ぎからは厳しい金額なのですが、この生活費の金額は妥当なのでしょうか？

> **考え方のPoint**
> 1 婚姻費用の算定は、算定表に基づいて行っている。
> 2 算定表によることが著しく不公平となるような特別な事情（特別事情）がある場合には、これを主張・立証することになる。
> 3 妻が住んでいる住宅の経費を夫が支払っている場合等が特別事情とされる。
> 4 妻に稼働能力はあるが働いていない場合、賃金センサスの短期労働者の性別、年齢別平均賃金の収入をもとに算定を行うことが多い。

1 はじめに

　妻と別居している場合に、夫は妻にいくら生活費を払わなければならないかが重要な関心事となる。

　別居中に適正な額の婚姻費用を支払っているかどうかは、離婚訴訟において、婚姻破綻の有無や責任の認定における考慮事情になるし、子の親権者・監護者の指定や面会交流の実施にも影響を及ぼす。

　特に、別居中に夫が子との面会交流を実施するに際しては、夫が適正な額の婚姻費用を支払っていることは、妻に面会交流の実施を促す事由ともなる。

　そこでまず、算定表により、婚姻費用分担額を算定した上で、この婚姻費用を離婚まで支払うことについて、夫がどう考えるかを確かめる必要がある。

　その上で、婚姻費用の算定にあたり特別事情に該当する可能性のある事情を夫から丁寧に聴き取ることになる。

4章　婚姻費用

2　算定表における自営業者の収入の確定

　婚姻費用の義務者（以下夫と記載する）が自営業者の場合には、算定表の「義務者の年収」は以下のように計算するとされている（家事事件・人事訴訟事件の実務 84 頁）。

　確定申告書の「所得金額」－「社会保険料控除」＋「青色申告控除」＋「実際に支払いがされていない専従者給与額」

　確定申告書の「所得から差し引かれる金額」のうち、医療費控除額、生命保険料控除額を差し引かないのは、医療費や生命保険料は、算定表で「特別経費」として、基礎収入の認定にあたり考慮されているからである（東京大阪養育費等研究会「簡易迅速な養育費等の算定を目指して」判タ 1111 号 289 頁、294 頁（2003 年））。

　青色申告控除額と実際に支払いがされていない専従者給与額が加算されるのは、これらは実際には支払われていないためである。

　減価償却費についても、実際には支払われていないので、これを加算すべきかが問題となる。

　この点について、岡健太郎判事は、義務者が現実に事業用資産の取得に要した借入金の返済を行っている場合には、「基本的には、適正な減価償却費であれば各年度の必要経費としてこれを控除した上で総収入を認定し、算定表を適用する（別途、事業用資産の取得に要した負債の返済を特別経費とは認めない。）ことでよいが、申告に係る減価償却費をそのまま養育費等（筆者注：婚姻費用も同様）算定の前提として控除することが疑問な場合には、減価償却費自体は控除せずに、所得金額に加算することとし、別途特別経費として現実の負債返済額（経費扱いされていない分）の全部又は一部を控除するなどして総収入を認定するという方法を採ることが相当であろう。」と述べており（岡健太郎「養育費・婚姻費用算定表の運用上の諸問題」判タ 1209 号 6 頁（2006 年））、これが現在の実務での有力な考え方であるといわれている（家事事件・人事訴訟事件の実務 84 頁）。

3　特別事情

(1) 妻が居住する住宅の住宅ローンを夫が支払っている場合

夫が家を出て、妻と子どもが元の家に住んでいる場合、夫は、自分の住居の家賃に加えて妻が住んでいる家の住宅ローンを支払うことになる。
　この場合には、夫は妻の住居費を負担していることになるが、住宅ローンは基本的には資産形成のための費用であるので、原則として住宅ローン返済額全額を、婚姻費用分担額から控除することはできないとされている。
　具体的に、住宅ローンを考慮する方法として、以下の2つがある。
① 　住宅ローン支払額を特別経費として、夫の収入から控除する方法
② 　算定表による婚姻費用の算定額から一定額を控除する方法
　【東京家審平成22年11月24日家月63巻10号59頁（要約33）】は、上記②の方法をとり、算定表による婚姻費用算定額から、権利者（妻）の総収入に対応する標準的な住居関係費を控除した金額を夫が支払うべき婚姻費用額とした。
　近時の実務では、この審判の方法をとるものが多い。
　この方法は、妻の収入が低い場合には、その標準的な住居関係費も低額となるため、夫が実際に負担している住宅ローン額に比して、控除する住宅ローン額が少なくなる。
　したがって、場合によっては、住宅ローンの条件変更をして、住宅ローンの月返済額を減らす等の方法を検討する必要があろう。

(2)　子どもが私立学校に通っている場合

　子どもが私立学校に通っている場合には、その学費が高いことから、その負担をめぐって争いになることが多い。
　算定表では、公立中学及び公立高校の学費、学用品代、通学費用等の標準的な教育費は含まれている。
　子どもが私立学校に通っている場合の学費等については、義務者（夫）が私立学校の進学に同意している場合や、資産、収入、学歴、職業、社会的地位等から見て義務者に負担させることが相当と認められる場合には、これを加算することになる。
　加算額の計算方法としては、以下の2つがある。
① 　私立学校の学費等から、算定表において考慮されている「平均収入に対する公立学校教育費相当額」を控除する方法
② 　①を権利者（妻）と義務者（夫）の基礎収入で按分する方法
　実務では②の方法をとるものが多いと思われる。

実務の注意点

　算定表公表後、婚姻費用の算定は、算定表によることがいわば常態化し、また婚姻費用事件の増加もあって、調停においては、特別事情等の主張をしても、なかなか認められない雰囲気がある。
　しかし、婚姻費用の支払期間は長期に及ぶことが多いので、たとえ月1万円の差であっても、義務者の負担が大きい場合もあるので、丁寧に特別事情等を主張することが大切である。

28

婚姻費用はいつまで支払わなければならないのか

別居中の妻に月々生活費を支払っています。勝手に連れて出た子どもの親権をめぐって争いになっているため、離婚が成立していません。このまま争いが続いた場合、これからもずっと妻に生活費を支払わなければならないのでしょうか？

> **考え方のPoint**
> 1　判例は、一般に、離婚するまでは婚姻費用分担義務があると解している。
> 2　妻が有責配偶者である場合、妻分は、支払義務がないとされるのが一般である。
> 3　妻から離婚調停等が提起されている場合は、婚姻費用分担額を考慮して、早期に離婚を検討すべきである。

1　はじめに

　妻が子どもを連れて家を出て、すぐに家庭裁判所に婚姻費用の調停申立てをするケースも少なくない。
　このような場合、夫は、妻が身勝手な理由で家を出た上に、妻から生活費を請求されることに納得できないと感じることが多いだろう。
　また、妻に渡す生活費は、妻の家事労働や育児の対価と考えている人もあり、家を出て家事を全くしない妻に、生活費を支払う必要はないと考える夫も少ないとはいえない。
　このような夫に、夫婦間の婚姻費用分担義務は、婚姻によって当然に生じる義務で、自分の生活を保持するのと同程度の生活を相手にも保持させる義務（生活保持義務）であることを理解してもらうことがまず必要となる。
　父親として子どもの生活費を負担することについては、比較的理解を得やすいと思う。
　妻の生活費を支払うことに強い抵抗感がある夫の場合には、婚姻関係の修

復を希望するのかどうかよくその気持ちを聞いた上で、婚姻関係の修復を希望していないのであれば、早めに離婚手続を進めることを検討すべきであろう。

2 婚姻費用分担義務の終期

　民法760条は、「夫婦は、その資産、収入、その他一切の事情を考慮して、婚姻から生ずる費用を分担する。」と定めている。

　この婚姻費用分担義務の終期は、調停や審判では一般に、「別居の解消（又は同居）又は離婚（又は婚姻の解消）に至るまで」と定められる。

　判例においても、「離婚訴訟が係属している場合であっても、夫婦である以上、現実に婚姻解消に至るまでは婚姻費用分担義務を免れるものではないと解すべきである。」【東京高決昭和55年3月7日判タ415号184頁】との考えが一般的である。

　更に、松谷佳樹判事は、「婚姻関係から生じる義務は、婚姻という法律上の身分関係から生じる義務であって、双務契約による義務のように牽連性があるものではないから、例えば権利者が同居義務を履行しないからといって、義務者が婚姻費用の支払を停止することが正当化されたり、支払義務を免除されたりするものではない。婚姻関係が破綻状態になっていたからといって、法律上の婚姻関係を解消しない限り、婚姻費用の支払義務を免れるべき法律上の根拠は見出せない。」と述べている（家事事件・人事訴訟事件の実務90頁）。

　しかし、民法760条に定める夫婦とは、実質的にも夫婦の実態がある者をいい、破綻して形骸化した夫婦は含まないとの解釈もあり得るであろう。

　学説では、別居後又は婚姻関係破綻後の夫婦の婚姻費用分担義務については、これを否定又は制限するものが多い。

　大村敦志教授は、「夫婦が別居するに至っており、もはや共同の婚姻生活が営まれていないとみるべき場合には、婚姻費用分担義務はないと考えるべきだろう。しかし、扶助義務は消滅しない。」と述べている（大村敦志『家族法〔第3版〕』64頁（有斐閣、2010年））。

3　有責配偶者の婚姻費用請求

　妻の不貞行為等の有責行為によって婚姻関係が破綻した場合には、その妻の夫に対する婚姻費用請求は信義則違反又は権利濫用によって許されないとする判例が一般的である。
　代表的な判例を挙げると、次のとおりである。
① 【福岡高宮崎支決平成17年3月15日家月58巻3号98頁（要約31）】
　「X（妻）は、Aと不貞に及び、これを維持継続したことにより本件婚姻関係が破綻したものというべきであり、これにつきXは、有責配偶者であり、そのXが婚姻関係が破綻したものとしてY（夫）に対して離婚訴訟を提起して離婚を求めるということは、一組の男女の永続的な精神的・経済的及び性的な紐帯である婚姻共同生活体が崩壊し、最早、夫婦間の具体的同居協力扶助の義務が喪失したことを自認することに他ならないのであるから、このようなXからYに対して、離婚費用の分担を求めることは信義則に照らして許されないものと解するのが相当である。」
② 【東京家審平成20年7月31日家月61巻2号257頁】
　「別居の原因は主として申立人である妻の不貞行為にあるというべきところ、申立人は別居を強行し別居生活が継続しているのであって、このような場合にあっては、申立人は、自身の生活費に当たる分の婚姻費用分担請求は権利の濫用として許されず、ただ同居の未成年の子の実質的監護費用を婚姻費用の分担として請求しうるにとどまるものと解するのが相当である。」
　このように、妻が有責配偶者である場合には、その婚姻費用分担請求を制限することが判例の動向であるが、調停の実務では、夫が妻の有責行為を主張しても、その証拠が明白でない限り、離婚するまでは婚姻費用分担義務を負うものであるといわれ、算定表に基づく婚姻費用額の支払いを承諾するように説得されることがある。
　ちなみに秋武憲一教授は、「調停において、別居原因の有責性について、主張されることがあります。しかし、その有無やその程度を明らかにすることは難しいばかりか、これを明らかにしようとすると、権利者となるべき者が必要な時期に必要な婚姻費用の分担を受けられなくなり、義務者が支払を引き延ばすことができる結果となってしまいます。これでは、簡易かつ迅速に婚姻費用の算定を行おうとする算定方式及び算定表作成の趣旨を逸脱する

ことになります。

　したがって、このような場合には、夫婦親子が同居しているとすれば、当然負担すべき額については夫婦間の生活保持義務として分担しなければならないことなどを十分説明して、早期に調整を図るべきでしょう。」と述べている（秋武＝調停245頁）。

　したがって、夫が、妻の有責行為によって婚姻関係が破綻したと考えており、その証拠もある場合には、調停は不成立として、審判で主張立証することが望ましいといえるだろう。

　なお、この場合であっても、子の生活費分については、支払義務があることは当然である。

> **実務の注意点**
>
> 1　妻が不貞行為等をなし有責である場合には、その旨の主張・立証をし、妻分の婚姻費用の支払いを認めない審判を得るようにすべきである。
> 2　妻が婚姻費用を得て別居を長期化することが予想される場合には、離婚調停等で、早期の離婚を図るように努力すべきである。

29

婚姻費用の変更

別居中の妻に言われるまま月々の生活費を公正証書で決め支払っています。しかし勤務先の収益が悪化し、収入が減少しました。生活を切り詰めて支払っていましたが、妻に事情を告げ、減額して送金しました。それでも妻は納得せず決まった額を支払うよう督促してきます。正直もう限界です。

考え方のPoint

1　公正証書等で婚姻費用が決まっている場合、不払いは強制執行がされる可能性があるため、減額の調停、審判の申立てを急ぐ必要がある。
2　支払い困難になった場合には、減額の調停申立てをし、減額の必要性を誠意をもって説得することである。
3　強制執行を排除するために、保全処分の申立てや、請求異議の訴えを検討する必要がある。

1　はじめに

　夫の不貞行為が原因で別居した場合には、夫側に非難されるべき事情があるために、夫は妻の言いなりに高額の婚姻費用を支払う内容の公正証書を作成してしまうこともある。

　しかし、別居が長引くと、夫は高額の婚姻費用を到底支払えなくなり、窮地に陥ることがある。また、婚姻費用を決めた後に、転職や会社の業績不振で、収入がかなり下がる場合も少なくない。当事者が子どもの学費を別途支払う旨の合意をした場合に、子どもが私立学校に入学し、その学費が高額になることもある。

　このように、一度決めた婚姻費用を変更したい事情は様々である。

　婚姻費用が支払えなくなった場合、支払えないからといって、支払わずに放置することは最も望ましくない。これでは、妻や子の信頼を完全に失うことになり、後日の離婚手続きにも悪影響を及ぼすことになる。

　したがって、この場合には、まず婚姻費用減額の調停申立てをすることが

肝要である。

　婚姻費用が、公正証書、調停、審判で決まっている場合には、夫が支払いをしないと給与等へ強制執行がなされる可能性がある。そのため、婚姻費用減額の調停、審判の申立てを急ぐ必要がある。それに加え、強制執行を排除するために、執行停止の審判前の保全処分の申立てや、請求異議の訴えを検討する必要がある。

2　婚姻費用変更の根拠

　当事者間の協議、調停、審判で、婚姻費用の分担が決定した後に、分担額決定の基準とされた事情に変更を生じ、従来の協議等が実情に適せず不公平なものとなったときは、民法880条を類推適用して従前の協議等を変更できるとする【東京高決昭和50年7月9日判タ332号272頁】のが、判例の一般的考え方である。

　民法880条は、「扶養をすべき者若しくは扶養を受けるべき者の順序又は扶養の程度若しくは方法について協議又は審判があった後事情に変更を生じたときは、家庭裁判所は、その協議又は審判の変更又は取消しをすることができる。」と定める。

　婚姻費用の変更を、民法880条の類推適用とする考えによれば、婚姻費用の変更は、「事情の変更」の存在が要件となる。

3　事情の変更の程度

　元の協議、調停、審判（以下「原協議等」という）の時に既に存在し判明していた事情や予見し得た事情については、事情変更に当たらないとする判例学説が有力である。

　更に、養育費の減額の事案であるが、この事情の変更とは、「前審判又は協議により定められた現在の扶養関係をそのまま維持することが当事者のいずれかに対してももはや相当でないと認められる程度に重要性を有すること」と解する判例もある【福岡高宮崎支決昭和56年3月10日家月34巻7号25頁】。

　また、最近の判例では、「審判確定後の事情の変更による婚姻費用分担金

の減額は、その審判が確定した当時には予測できなかった後発的な事情の発生により、その審判の内容をそのまま維持させることが一方の当事者に著しく酷であって、客観的に当事者間の衡平を害する結果になると認められるような例外的な場合に限って許されるというべきである。」と判示して、月10万円の婚姻費用を月7万円に減額した原審判を取り消して、原審に差し戻したものがある【東京高決平成26年11月26日判時2269号16頁、判タ1415号177頁】。

しかし、夫と妻の収入に基づき算定表によって、以前より簡易迅速に婚姻費用の算定がなされている現状において、婚姻費用の変更に要する「事情の変更」を重要な事情の変更と解する必要があるかは疑問である。

一方、最近、事情の変更があるとして婚姻費用の変更が認められた判例には以下のものがある。

夫の失職、障害を持つ子が25歳になったこと、夫が婚外子を認知したことを事情の変更と認め、婚姻費用を月9万円から6万円に減額した【大阪家審平成26年7月18日判タ1416号385頁】。

4　事情変更の基準時

事情変更があった場合に、どの時点から婚姻費用を変更するかについて大別すると、①事情変更時、②変更の請求時、③調停又は審判申立て時、④審判確定時の説がある。

【東京高決平成16年9月7日家月57巻5号52頁】は、従前の協議に基づく婚姻費用の支払いを求める訴訟が通常裁判所に係属中であっても、家裁は、事情変更による婚姻費用の変更審判ができることに関連して「事情に変更を生じた過去の時点にさかのぼって従前の協議を変更して新たな婚姻費用の分担額を審判により決定することができ」るとしている。

しかし、事情変更時から長期間経過している場合には、清算する金額が高額となり当事者に過酷であること等から、実務では、②の請求時又は③の調停時又は審判申立て時とする説が多い。

したがって、事情の変更が生じた場合には、速やかに請求や調停申立てをすることが重要となる。

実務の注意点

1 　婚姻費用の調停では、事情の変更があれば、一度婚姻費用を決めても、いつでも金額を変更することができる旨の説明がされることが少なくない。
　　しかし、前記のとおり、婚姻費用の変更要件である事情の変更を、かなり限定的に解する判例もある。
　　したがって、婚姻費用の決定にあたっては、その変更がそう容易ではないことを念頭に置いて、慎重に決定することが必要である。
2 　判例とは異なり、調停実務では、比較的容易に婚姻費用の減額を認める傾向もあるので、婚姻費用の減額調停は、躊躇せずに行うべきであろう。

第5章

養育費

30

再婚した妻からの養育費支払請求

養育費を支払っていた妻が再婚しました。引き続き養育費を請求されていますが、再婚相手には連れ子がいます。私の子どもには十分なことをしてあげたいのですが、私の子ども以外の教育費や生活費に使われるのは正直嫌だなぁと思います。やはり支払わなければならないのでしょうか。

考え方のPoint
養育費支払義務は、生活保持義務とされるので、離婚後も父は子に自分と同程度の生活水準を維持させるものであることを理解してもらうことが必要である。

1　はじめに

　離婚後に母が子を監護養育している場合に、父が子の養育費を支払う義務があることは、ほとんどの父が理解し納得していることである。しかし、実際の事例では、離婚前から子との交流が全く図れず、子は母親の味方をしていると受け取れるケース、子の学校の選択等について母と意見が合わないケース、母が浪費をしており養育費が子のために使われているか疑問があるケースなど、父が子の養育費支払いに消極的となることは少なくない。
　特に、離婚後に母が再婚した場合や、父も再婚して子が産まれた場合など、離婚時の状況から大きな変化があった場合には、それが養育費の支払いに影響を及ぼすことになる。
　養育費は、日々の子の生活費に使われるものであり、また通常子が20歳になるまで支払うものであるから、安定的、確実に支払われることが重要である。子を養育している母から見ると、子の食費、教育費などの支払いは待ったなしなので、予定していた養育費が期限に振り込まれないと、たとえそれが数日の遅れであったとしても、ストレスになり、また父への不信感を生むことになる。
　他方、父から見ると、子との交流がきちんと図られていない場合に、養育

費の使い途の実感が得にくく、つい支払いを忘れてしまう者も出てくる。

したがって、父母双方が工夫をすることで、確実に養育費が支払われるようにすることが大切である。

2 養育費支払義務の根拠

直系血族である親は、子を扶養する義務を負っており（民877条1項）、これは親権の有無は問わず、親権を有しない親であっても子の扶養義務を負う。

父母が離婚するときには、子の監護に関する費用の負担等を協議で定めるものとされ（民766条1項）、協議が調わない時や協議できない時には、家庭裁判所に調停申立てをなし、調停が成立しない時には、審判手続に移行する（家事272条4項）。

この「子の監護に関する費用」を通常「養育費」と呼んでいる。

養育費は、子の食費、学費、医療費等の生活費に使うものであるが、その使い方は監護者である母に任されているので、父が母に使途の明細を要求することは難しいであろう。

しかし、父が養育費をスムーズに支払うため、入学金、授業料等の高額な支出などは、母に報告を求める交渉をする余地はある。

3 養育費支払の程度

親の子に対する扶養義務は、子に対し父母と同程度の生活水準を維持させる義務であり、これを生活保持義務と呼んでいる。

他方、父母以外の直系血族や兄弟姉妹が負う扶養義務は、最低限度の生活水準を維持させる義務で、生活扶助義務と呼んでいる。

この区分は、条文で定められているものではなく、中川善之助博士が提唱した解釈であるが、現在もこの解釈は判例、実務においても採用されている。

算定表においても、「家庭裁判所の実務においては、扶養義務は「生活保持義務」と「生活扶助義務」に大別されている。「生活保持義務」とは「自分の生活を保持するのと同程度の生活を被扶養者にも保持させる義務」、「生活扶助義務」とは「自分の生活を犠牲にしない限度で、被扶養者の最低限の

生活扶助を行う義務」ということができる。そして、養育費や婚姻費用の支払義務は「生活保持義務」として、親族間の扶養義務は「生活扶助義務」として、それぞれ履行されるべきであると考えられている。」と述べている（前掲判タ1111号286頁）。

4　母が再婚した場合の養育費支払義務

　子の母が再婚し、子と再婚相手が養子縁組をした場合、子には、養親と実親の2人の父がいることになる。この場合には、養親は養子に対して扶養義務を負うことになる。

　母が再婚して子と再婚相手が養子縁組した後に、母が実父に対し、離婚時に合意した月4万円の養育費の支払いを求めた事例について、裁判所は「養子制度の本質からすれば、未成熟の養子に対する養親の扶養義務は親権者でない実親のそれに優先すると解すべきであるから、母の分担額を決めるに当たっては、養父Aの収入・支出等も考慮することとする。」と述べて、母の申立てを却下した【神戸家姫路支審平成12年9月4日家月53巻2号151頁（要約111）】。

　このように、子が養子縁組をした場合には、まず養親の扶養義務が優先するとの考えが通説であろう。しかし、子が母の再婚相手と養子縁組をしていない場合には、父の養育費支払義務は影響されないことになる。

　この場合であっても、権利者である母の収入に再婚相手の収入を加算すべきかについて、一般には、母の収入だけで判断し、再婚相手の収入は加算しないとされている（大阪家庭裁判所「養育費・婚姻費用算定表についての解説」調停時報155号13頁（2003年））。

　そのため、あえて再婚相手と子との養子縁組をしない母も見受けられる。

実務の注意点

1　子を監護している母が再婚した場合には、養育費の金額を減額等する旨の条項を調停や和解条項に入れることは考えられる。
2　決定した養育費は、銀行の定額振替等の方法により、支払期日にきちんと支払うことが、母の信頼を得て、面会交流の実施にあたりプラスとなる。

31 養育費の算定方法

養育費は子ども1人当たり3万円が平均と聞きました。妻からはそれ以上の金額が請求されています。そもそも養育費の相場はどのくらいなのでしょうか？　算定に基準はありますか？

> **考え方のPoint**
> 1　算定表に基づく養育費額の支払いが納得できない場合には、特別事情を具体的に主張・立証すべきである。
> 2　離婚後は、配偶者控除や家族手当がなくなるなど給与手取額が減ることが多いので、それを考慮して養育費の支払額を決める必要がある。

1　はじめに

　離婚後に母が子の監護をする場合に、父に子の養育費を支払う義務があることは、父も了解していることであろう。しかし、その金額についてはしばしば、子を監護している母の希望額と支払う側の父の支払可能額が食い違うことになる。

　平成27年度の最高裁の司法統計（家事編）によると、父が支払者となった子の監護事件のうち、子1人当たりの月ごとの支払額は、2万円以下が約49％、4万円以下は約85％になっている。このような現状を反映してか、養育費は、父母の収入にかかわらず、1人3万円程度ともいわれている。

　しかし、養育費はあくまで、父と母の収入に基づいて算定するものなので、父の収入が多い場合には、子ども1人当たり10万円を超える金額になることもある。

　父としては、まず自分の収入から確実に支払える金額を把握することが重要である。離婚後は、所得税、地方税の配偶者控除がなくなり、企業からの家族手当の支給もなくなる場合があるなど、給与の手取額が減ることも多い。算定時にはそれを考慮して養育費の支払額を決める必要がある。

　一度決まった養育費を変更することはそう容易でなく、また決定した養育費を支払わなかったり、支払いが遅れたりすれば、子を監護している母、ひ

いては子ども自身に不安を与え、父に対する不信感を抱かせる結果となる。

2 算定表に基づく養育費の算定

　以前、家庭裁判所における子の養育費審判は、かなり時間がかかることが多かった。父と母の収入の他、具体的な個別の支出額を認定して、養育費を計算していたことによる。

　そのため、養育費等の算定の簡易化、迅速化を目指して、平成15年に、家裁の判事・調査官で構成する東京大阪養育費等研究会が、養育費・婚姻費用の算定方式と算定表（前掲判タ1111号285頁）を発表した。

　算定表は、父と母の収入がわかれば、簡単に養育費額を算定することができることから、その使用が実務で一挙に広まり、現在は完全に定着している。

　したがって、まず父自身が算定表に基づき養育費額を算定してみることが必要である。

3 算定表の概要

　算定表は以下の算定方式で作成されている。なお、養育費を支払う者を義務者、養育費をもらう者を権利者という。
① 基礎収入の認定
　権利者、義務者の収入から、「税法等で理論的に算出された標準的な割合」および「統計資料に基づいて推計された標準的な割合」をもって、基礎収入を推計する。
② 子の標準的な生活費の算定
　子の標準的な生活費指数は、親を100にした場合、年齢0歳から14歳までの子は55、15歳から19歳までの子は90として、子の生活費を計算する。
③ 義務者の養育費分担額の算定
　子の生活費を、権利者、義務者の基礎収入の割合に応じて分担し、義務者の養育費分担額を算定する。
　これらを計算式にすると以下のとおりとなる。
　a）　給与所得者の場合：基礎収入＝総収入×0.35〜0.43
　　　　　　　　　　　　　　　　（高額所得者の方が割合が小さい）

自営業者の場合：総収入 × 0.49 ～ 0.54
　　　　　　　　　　　（高額所得者の方が割合が小さい）

b) 子の生活費

$$= 義務者の基礎収入 \times \frac{55 \text{ or } 90（子の指数）}{100 + 55 \text{ or } 90（義務者の指数＋子の指数）}$$

c) 義務者の養育費分担額

$$= 子の生活費 \times \frac{義務者の基礎収入}{義務者の基礎収入＋権利者の基礎収入}$$

4　特別事情

　「この算定表は、あくまで標準的な養育費を簡易迅速に算出することを目的とするものであり、最終的な養育費の額は、各事案の個別的要素をも考慮して定まるものである。しかし、個別的事情といっても、通常の範囲のものは標準化するに当たって算定表の額の幅の中で既に考慮がされているのであり、この幅を超えるような額の算定を要する場合は、この算定表によることが著しく不公平となるような特別な事情がある場合に限られるものと思われる」と述べており（前掲判タ1111号292頁）、算定表によることが著しく不公平となるような特別事情の主張を認めている。

　実務上、特別事情と考えられる主な事情には、子の私立学校等の教育費や子にかかる高額な医療費等がある。

　逆に、父の側で、算定表に基づく養育費を支払えない事情がある場合には、これを積極的に主張し、父が現実に支払える養育額を決めることが重要である。

> **実務の注意点**
>
> 1　実務では算定表による養育費額の決定が通例化しており、算定表による養育費額を下げる特別事情は認められにくい。
> 2　しかし、父が算定表による養育費を支払うのが困難な事情がある場合には、積極的にその事情を主張・立証して、父が支払可能な金額の養育費を決定することが養育費の安定的、継続的な支払いに資することになる。

32

全く会えない子の養育費を支払う義務はあるか

別れた子どもの養育費を妻に払っていますが、妻は子どもに全く会わせてくれません。調停で面会交流が認められましたが、それでも妻は何だかんだと理由をつけては会わせてくれません。こちらも対抗手段として養育費支払いを止めたいと思います。

考え方の Point
1 面会交流が行われていないことを理由に、養育費の支払いをストップすることはできない。
2 面会交流の調停、審判、履行勧告等を通じて、子と父との交流を実現するようにすべきである。
3 養育費を支払うことに納得できない場合、養育費減額調停の申立てを行い、調停において、子の生活状況の情報を得て、面会交流ができるように話合いをすることもあり得る。

1 はじめに

かつては、離婚時に、子の養育費を決めてきちんと支払ってきたが、子との交流は一切なく、子が生きているのか死んでいるのかすらわからないという父親の話を聞いたこともある。

最近は、子との面会交流がかなり行われるようになってきたことから、このようなケースは少なくなってきてはいる。

しかし、父の不貞行為やＤＶなどで離婚した場合などには、離婚時に子との面会交流の合意をすることが難しく、離婚後もそのまま時間が経過してしまうケースもある。

このような場合には、父親としては全く会えない子の養育費を毎月支払うことに抵抗感を持つことも少なくない。

父親がこのような理由で、養育費の支払いをストップしてしまうことは、子の福祉の観点からももちろん望ましくなく、また父親の給与に養育費支払

の強制執行がなされるおそれもあり、父親の生活にも支障が生じることになる。

2　養育費支払義務と面会交流との関係

　養育費支払義務と面会交流は、別のものであり、連動しないことは学説判例上争いはない。

　養育費の増減は、「子の福祉のために実施されるべき面会交流と連動するものではない。養育費の支払いと面会交流とは性質が異なるからである。」（秋武ほか＝親権178頁）などと述べられている。

　また、「当事者が離婚時に作成した私的な合意書面の中には、養育費を支払わなければ面会交流をさせない旨の条項が記載されていることがある。しかし、そのような条項は、（略）養育費及び面会交流の趣旨・意義に照らせば無効ということになる。」（秋武ほか＝親権179頁）と解されている。

　したがって、元妻が子との面会交流を実施しないことを理由として、子の養育費の支払いをストップすることはできない。

3　離婚等の調停条項

　上記のとおり、父と子との面会交流ができないことを理由に養育費の支払いを拒否することはできない。

　しかし、最近、離婚調停において、以下のような調停条項を入れた例も出てきている【福岡家審平成26年12月4日判時2260号92頁】。

「三　申立人（筆者注：父）は、相手方（筆者注：母）に対し、長男の養育費として、平成23年7月12日から同人が22歳に達した年の翌年3月まで、月額金2万円を、毎月末日限り、「長男名義の口座」に振り込む方法により支払う。

　四　相手方は、理由の如何を問わず、第七項記載の面会交流が実現できなかった場合、申立人に対し、同項記載の面会交流が実現できなかった月における養育費の支払を免除する。ただし、同項記載の面会交流が実現できなかったことが、申立人の責めに帰する事情による場合はこの限りではない。」

　この事案は、離婚調停において上記のような条項を入れ、更に詳細な面会

交流要領を定めたにもかかわらず、現実には、調停条項に基づく面会交流が実現しなかったケースである。

　前記のような、面会交流を実現できない月には、養育費の支払いを免除するといった調停条項は現時点では極めて稀であり、その妥当性に疑問もあるが、父母が互いに養育費支払義務と面会交流義務の履行の裏付けを希望している場合などには検討してみる余地はあるだろう。

実務の注意点

1　離婚後に子との面会交流が実現しない場合には、父はその対抗策として、養育費の支払いをストップするのではなく、面会交流を実現する方策を検討すべきである。
2　面会交流が実現されないからといって、養育費の支払いをストップすることは、一般的にはますます母の気持ちを頑なにして、面会交流が実現できないことになる可能性が高いので、そのことを父によく説明すべきであろう。

33 大学に進学した子の学費や生活費の請求

養育費を支払い続けてきた息子が大学に入りました。それはうれしいのですが、正直私の今の収入で大学の学費を支払うことは難しいです。妻からは何の相談もなく、入学したので学費を払って欲しいと言ってきたのみです。一般的に大学の学費は支払わなければならないのでしょうか。

考え方のPoint
1 大学生の子の学費、生活費等は、父親が進学を承諾した場合や、子が進学することが相当と認められる場合は、支払う義務がある。
2 未成年の子どもの大学在学中の養育費は、大学の入学金、授業料の相当部分を加算する方法が多い。
3 成人に達した子どもの学費や生活費は、生活扶助義務として、必要額の一部を父親に負担させる場合が多い。

1 はじめに

現在では、大学進学率がほぼ50％に達しており、子どもが大学や大学院に進学している場合には、20歳を過ぎていても、父親がその子どもの大学の授業料や生活費を負担するのが当然であると考える母親や子どもが多い。

しかし、大学卒業まで子どもの大学の授業料や生活費を支払うことを承諾していたところ、浪人や留年によって子どもの大学卒業が延び、予想外の費用負担を強いられて苦しんでいる父親もいる。

更に、子どもが医学部や大学院の博士課程まで進学し、その学費等を請求されるケースもある。

大学等に通う20歳を超えた子どもの学費等の負担については、実務の基準は必ずしも明確でない。

家庭裁判所の裁判官や調停委員の中には、支払うべき子どもの養育費は20歳までで、20歳を超えた大学生の学費等は原則として父親に支払義務は

ないと考える者と、父親が大学を卒業している場合などは、むしろ子どもの学費等を父親が支払うことが一般的であると考える者がいる。

　20歳を超えた大学生の学費等の負担を検討する場合には、まず、その父親の子どもの養育に対する考え方、これまでの子どもとの交流の実態、父親の支払能力等をよく聞いた上で、これを負担するか、負担する場合にもいくらまで負担するか等を相談することが大切である。

2　20歳を超えた子どもの学費、生活費等の請求方法

　20歳を超えた子どもの学費、生活費等の請求方法としてしては、主に以下の2つがある。
①　民法766条1項に基づき、母親が子の監護費用（養育費）として請求する方法、
②　民法877条に基づき、子が扶養料として請求する方法

　民法766条は、子の監護についての必要な事項を定めるものであるから、子が成年に達して、監護親が親権者でなくなった後も、監護親が養育費を請求できるかという問題がある。

　しかし、「子が未成熟子であり、従前から監護親が現に子を監護している事実がある以上、成年に達する前と後とで事情が異なるところはない上、成年に達した後の分について改めて子自身が審判を申し立てる必要があるとするのはいかにも硬直的であって、成年後の分も一括して解決するのが当事者の利益であり、子の福祉に資するといえ、事案によっては、民法766条の類推適用を認めるべきである（離婚訴訟における附帯処分の対象となる。）」との見解もあり（岡健太郎「養育費の算定と執行」野田愛子・梶村太市総編集『新家族法実務体系第2巻』306頁、一部省略（新日本法規出版、2008年））、「これを相当と考える。」（松原＝人事訴訟300頁）との説が有力である。

3　20歳を超えた子の養育費の支払義務

　民法766条1項に定める子には、成人に達した子は含まないとの考えもあるが、実務ではこの子とは未成熟子をいい、20歳を過ぎても仕事をせずに大学等に通っている子は未成熟子に該当すると考えている【東京高決平成

12年12月5日家月53巻5号187頁（要約112）】。

　しかし、子が大学に進学しただけで未成熟子として父に養育費支払義務が生ずるのではなく、「義務者に経済的余裕があり、子の大学進学を認めている場合には未成熟子と認められて、大学を卒業するまでの間、日常の生活費及び学費を含めた養育費の支払いが認められることがある。」と述べるものもある（秋武ほか＝親権300頁）。

4　20歳を超えた子の学費・生活費の支払いに関する判例

　20歳を超えた子の学費・生活費の支払いを認めた主な判例には、以下のものがある。

(1)【大阪高決平成2年8月7日家月43巻1号119頁（要約102）】
　薬科大学生の長女XがYに相当額の扶養料を請求した事案について高裁は、「Xの父であるYは医師として、母であるAは薬剤師として、それぞれ大学の医学部や薬学部を卒業して社会生活を営んでいる者であり、現に、Xも昭和61年4月に薬科大学に進学していること等、Xが生育してきた家庭の経済的、教育的水準に照らせば、Xが4年制大学を卒業すべき年齢まで、いまだ未成熟子の段階にあるものとして、YにおいてXの扶養料を負担し、これを支払うべきものとするのが相当である。」と述べて、長女の申立てを却下した原審判を取り消し、差し戻した。

(2)【東京高決平成12年12月5日家月53巻5号187頁（要約112）】
　成人になり私立大学に通学している長女が父に、扶養料として、大学卒業まで月額9万円の支払いと大学授業料の一部の支払いを求めた事案について、高裁は、「4年制大学の進学率が相当高い割合に達しており、かつ、大学における高等教育を受けたか否かが就職の類型的な差異につながっている現状においては、子が義務教育に続き高等学校、そして引き続いて4年制の大学に進学している場合、20歳に達した後も当該大学の学業を続けるため、その生活時間を優先的に勉学に充てることは必要であり、その結果、その学費・生活費に不足を生ずることがあり得るのはやむを得ないことというべきである。」と述べて、長女の申立てを却下した原審判を取り消し、差し戻した。

(3)【東京高決平成22年7月30日家月63巻2号145頁（要約117）】
　成人になった大学生の長女が父に扶養料を求めた事案について、高裁は、長女の申立てを却下した原審判を取り消し、扶養料審判申立ての翌月から大学卒業見込月までの間、長女の奨学金及びアルバイト収入によっても不足する額6万6345円のうち月3万円の支払いを命じた。

5　20歳を超えた大学生の子に支払うべき養育費・扶養料の金額

　20歳を超えた大学生の子の学費や生活費について、父に支払義務がある場合、その金額の算定については、大別すると以下の計算方法がある。
(1)　子が大学を卒業するまで、子が19歳の場合と同様に算定表に基づき、養育費を算定する方法
　父が子の大学進学を承諾している場合には、調停ではこの方法をとることが多い。
(2)　成人に達した子に対する親の扶養義務は、生活保持義務ではなく、生活扶助義務にとどまるものとして、子の必要額（アルバイト、奨学金等によっても不足する額）の一定割合を父に負担させる方法
　前記の【東京高決平成22年7月30日】はこの考え方をとっている。
　したがって、父が子の大学進学を承諾していない場合、又は承諾をしていても、負担額を少なくせざるを得ない場合には、上記(2)の算出方法を主張すべきであろう。

実務の注意点

1　離婚に至る経緯、父と子との交流状況、父の経済状態等によって、成人に達した後の大学生の子の学費や生活費を負担したくない場合には、負担義務自体又はその金額の計算方法を争う必要がある。
2　父が子の大学進学を承諾していた場合にも、国公立大学の授業料分のみを負担する、22歳に達した3月までの分を負担する等、父の支払い限度を明確にしておくようにアドバイスすることが大切である。

34 養育費の減額請求

離婚時に公正証書で取り決めた養育費が重すぎて支払いきれません。証書作成時は精神的に参っていたので、深く考えずそのまま了解しました。収入はその当時の横ばいですが、両親の介護で負担が増えました。払いきれないので、減額の請求をしたいのですが、認められますか？

> **考え方のPoint**
> 1 収入の減少、再婚、新たな子の出生等の事情の変更があった場合には、養育費の減額調停の申立てをする。
> 2 どの程度の事情変更があれば、養育費の減額が認められる事情変更に該当するかは、判例によっても明確とは言いがたい。
> 3 養育費の減額調停では、減額の理由を具体的に説明し、母親の了解を得るように努めることが大切。

1 はじめに

　長引く経済の停滞等によって、失業したり、転職や会社の業績不振によって収入が大幅に減ってしまう場合も少なくない。
　このような場合に養育費の支払いをしないで放置し、給料の差押えがされてから慌てて、弁護士に相談する人もいる。
　収入の減少等によって、養育費が支払えなくなった場合には、できるだけ早く養育費減額の調停申立てをなし、調停で減額について話合うことが重要である。現在の実務では、養育費減額の事由がある場合でも、減額の時点は調停申立て時ないし調停成立時とされることが多いので、申立てが遅れれば遅れるほど、減額される時点が遅くなるからである。
　また、調停申立て後、調停成立又は審判までの間においても、以前の養育費を支払うことが難しい場合には、相手方に説明をし、適正と思われる減額した後の額の養育費を支払っておくことである。
　最も良くないのは、養育費を支払わずに放置することで、そのことを父親

によく理解してもらうことが大切である。

2　養育費の減額事由

　養育費の変更については、扶養に関する協議・審判等の変更の規定である民法880条を類推適用し、同法の「事情に変更を生じたとき」を要件としている。
　具体的に、どの程度の事情の変更があった場合に養育費の減額を認めるかについては、実務では必ずしも明確とはいえない。
　特に、収入の減少について、どの程度の額の収入の減少がある場合に養育費の減額を認めるかについては、調停委員によっても考え方が異なる印象を受ける。
　一度決めた養育費はできる限り変更しないという考え方と、収入の減少があればそれに応じて比較的柔軟に養育費の減額を認める考え方があると思われる。
　特に、養育費減額の審判の場合には、かなりの収入の減少がないと養育費の減額を認めない傾向が見られるので、できるだけ調停で減額を認めてもらう方が良いだろう。

3　離婚の際に不相当に高額な養育費の合意をした場合

　夫の不貞行為を原因として離婚する場合や離婚を急ぐ事情がある場合などに、夫が離婚合意書や公正証書などで、不相当に高額な養育費の合意をすることがある。
　このような場合に、離婚後養育費の減額ができるかが問題となる。
　算定表による養育費と比較して合意した養育費が不相当に高額であっても、夫が合意した以上その合意は原則として有効である。
　仮に、妻の強迫や錯誤によって合意をした場合には、その合意の取消しや無効の主張をすることになる。
　このように、不相当に高額な養育費を合意した場合であっても、その合意は有効であり、合意時から収入の減少等の事情変更がない以上、養育費の減

額はできないことになる。

しかし、実務では、「算定表等における養育費の金額よりも相当に高額な養育費を支払う旨の合意をした結果、義務者が最低限の生活を維持することが困難となるような事態が生じたときには、養育費が生活保持義務に基づくものであることから、その合意を維持させること自体が問題となると思われる。したがって、このような場合には、減額を認めざるを得ないであろう。ただし、養育費を減額するとしても、義務者自身が相当高額の養育費を支払う旨を認めたこと、また、そのような合意をした理由も、減額後の養育費を定めるときの一事情として考慮されることになる。したがって、減額するとしても、減額後の養育費は、算定表や算定式で算定された養育費の金額よりも高額となる可能性がある。」（秋武ほか＝親権308頁）との考えがある。

したがって、この場合であっても、養育費減額の調停申立てをする価値は十分にあろう。

なお、【東京家審平成18年6月29日家月59巻1号103頁（要約116）】は、公正証書で、長女及び二女の養育費として大学卒業時まで1人当たり7万円を支払うことを約束したが、これは算定表による額（1人3万円）の2倍以上であった事案で、養育費を1人当たり月額4万5000円に減額することを認めた。

4 養育費の減額を認めた判例

養育費減額を認めた審判で公表されているものは少ない。

① 【東京家審平成2年3月6日家月42巻9号51頁（要約103）】

パイロットの父親が、離婚時に3人の子の養育費を1人当たり月10万円と合意したが、その後再婚し、元妻も再婚して、再婚相手と子らが養子縁組をしたため、養育費の減額を請求した事案について、1人月7万円に減額を認めた。

② 【山口家審平成4年12月16日家月46巻4号60頁（要約104）】

離婚調停後、夫の収入が3分の1に激減し、また夫が再婚して再婚相手との間に2人の子が産まれた事案について、3人の子の養育費を減額調停申立て時から、1人当たり3万5000円を3万円に減額した。

③ 【福岡高決平成26年6月30日判タ1410号100頁（要約118）】

離婚時に、父（医師、高額所得者）は、子が20歳になるまで各人につき月20万円の養育費を支払う旨の調停が成立した。

　その後、父は再婚し、再婚相手の子2人と養子縁組をし、また再婚相手との間に子が産まれた事案について、高裁は、民法880条にいう「事情に変更を生じたとき」に該当するとして、調停条項を養育費1人当たり月額17万円に減額する内容に変更した。

実務の注意点

1　収入減少による養育費の減額については、どのくらいの収入減少があれば養育費の減額が認められるのか、実務も明確とはいえない。

　しかし、収入が減って養育費を支払うことが困難になった場合には、早く調停申立てをして、継続的に養育費を支払うためには減額が必要であることをよく説明することが重要である。

2　養育費の決定時に、その際の算定の基礎となった双方の収入、その他の事情を明確にしておき、その収入が例えば10％減額した場合には、妻は養育費の減額に応じる旨の条項を入れておくなどの工夫をしてもいいだろう。

第6章

子供の親権・監護権

35

子の親権・監護権とは何か

妻が子どもを連れて家を出ました。私は子どもと一緒に暮らすことを希望しています。子どもを育てるには親権者になる必要があると言われましたが、それはどういうことでしょうか？

> **考え方の Point**
> 1 親権は、通常の権利ではなく、義務の側面もあることを依頼者に理解してもらい、何が子の利益に資するかという観点から親権を考えるべきである。
> 2 離婚時に親権と監護権を分属することは困難が伴うが、離婚による子への影響を最小限にする方法として、検討すべきであろう。

1 はじめに

　子どもを持つ夫婦の離婚に際して、父、母のいずれが子の親権者になるかで争いになることは多い。

　離婚することや財産分与等の離婚条件については合意ができても、子の親権については、金銭の問題と違って、父、母のいずれも譲歩することが難しく、合意できないケースが少なくない。

　特に、母も働いており、父も子の養育を相当程度に行っていて、父母のいずれも子の親権者としての適格性に問題がない場合には、いずれを親権者とするのが子の利益にかなうのかを判断することは極めて困難である。

　近年では、このようないわばデッドロック状態を解消する方法として、離婚後の父母の共同親権を認めるべきであるという考え方も強くなっているが、現在まで法改正の予定はない。

2 親権とは何か

　親権とは、「親が子を哺育・監護・教育する職分である」（我妻＝親族法316頁）と解されている。そして、この「職分」というのは、「他人を排斥

して子を哺育・監護・教育する任に当りうる意味では権利であるにしても、その内容は、子の福祉をはかることであって、親の利益をはかることではなく、またその適当な行使は子及び社会に対する義務だとされることである。」と解されている（我妻＝親族法316頁）。

親権に服するのは未成年の子に限る（民818条1項）ので、子が成年に達すれば、親権は終了する。

親権の内容は、身上監護権と財産管理権に大別される。

身上監護権は、子を監護及び教育する権利義務であり（民820条）、居所指定権（民821条）、懲戒権（民822条）、職業許可権（民823条）が含まれる。

財産管理権（民824条）には、子の財産に関する法律行為についての法定代理権が含まれる。

3　監護権とは何か

前記のとおり、親権には、身上監護権が含まれている。したがって、通常の親権者は子の監護権も有することになる。

しかし、父母の離婚に際して、親権者と監護権者を分けることは可能である。この場合には、親権者は親権から監護権を除いた権利のみを有することになる。

4　離婚後に子が母の再婚相手と養子縁組をする場合

子の親権者を母として離婚した後に、母が再婚し、再婚相手と子が養子縁組をすることはしばしばある。

離婚後に子の親権者となった母は、子が15歳未満であるときは、法定代理人として、子に代わって、再婚相手との養子縁組の承諾をすることができ（民797条1項）、縁組について家庭裁判所の許可も必要がない（民798条ただし書）。

そして、子が再婚相手と養子縁組をした場合には、子は、実母とその再婚相手である養父の共同親権に服することになる。

このように、母が子の親権者となった場合で、子が15歳未満の時には、

母は実父の同意なく自由に再婚相手と子との養子縁組をすることができ、養子縁組をすると、子は実母と養父の共同親権に服するため、実父への親権者変更の道もなくなることになる。

このような結果が、離婚時に父が子の親権を譲歩できない原因の1つともなっている。

> **実務の注意点**
> 1 父が母を親権者とすることを承諾するには、別居中に母が父と子との面会交流をきちんと行っているかどうかが、重要な要素となる。
> 2 父を親権者、母を監護者とする離婚は、今後、離婚後の共同親権類似の効果を得る方法として、検討すべきであろう。

36 父は子の親権者や監護者になれないのか

妻と離婚協議中です。妻とは別れたいですが、小学生になる息子とは別れたくありません。息子の面倒は妻と同じか、それ以上に見てきたつもりです。子育てには実家の両親も協力してくれます。それでもやはり親権は母親優先なのでしょうか。

考え方のPoint
1. 親権者・監護者の判断基準で、最も重視されるのは、監護の継続性である。
2. 子が10歳未満くらいで、母が主たる監護者であった場合には、母が親権者・監護者に指定されることが多い。
3. 母の不貞行為、母が父と子との面会交流を拒否している場合等、父が親権者・監護者に指定される場合もある。

1 はじめに

　妻が子を連れて夫と別居し、離婚調停の申立てがされた場合には、かなりの割合で夫は、子どもの親権は母にいってしまい、自分が親権者になることは到底無理だと諦めている。

　弁護士に相談したが、「父親が子の親権者になることは到底無理」と言われたという依頼者もいる。

　妻とは離婚したいが、離婚すると子の親権は妻に取られてしまい、面会交流もいつまで続くかわからないので、離婚には応じないという夫もいる。

　夫が子の親権者・監護者になることはかなり難しいのは事実であるが、実務も以前よりは、母親優位の考え方から変わってきているので、簡単に諦めるのではなく、子どものためにどちらが親権者・監護者になった方が良いかを十分に考えることが大切である。

2　親権者・監護者の判断基準

一般に、親権者・監護者の判断基準としては、以下の点が考慮されているといわれている（近藤・西口＝親権 102 頁）。
① 子の意思
② 監護の継続性
③ 母性優先
④ 兄弟姉妹の不分離
⑤ 父母の婚姻破綻についての有責性
⑥ 面会交流の許容性
⑦ 子の奪取の違法性

3　母親優位の基準から主たる監護者の基準へ

特に乳幼児については、母の受容的で細やかな愛情が必要であるとして、母が監護養育することが子の福祉に合致すると考えられてきた。

しかし、男女平等、固定的性別役割分担の否定等の観点から、最近は母親優位の基準を挙げる判例はほとんどなくなっている。

この母親優位の基準に代わって、現在実務でいわれているのは、主たる監護者の基準である。

主たる監護者の定義は必ずしも明確ではないが、実務では、別居時まで主に子の監護養育をしてきたのは父か母かを確定することが行われている。

そして、「乳幼児の監護養育の実情を見れば、母が主たる監護者であることが多く、乳幼児との心理的、身体的結びつきも母の方が強いように考えられている。そのため、主たる監護者である母の監護養育に大きな問題点がなければ、母が親権者として指定されることが多いというのが実情である。」（秋武ほか＝親権 107 頁）。

上記のように、主たる監護者の基準は、母親優位の基準のレッテルを変えただけともいえる側面がある。

学説でも「主たる監護者をあまりにも重視することは、育児は母親に任されているのが一般的である我が国の現状では、結局母親優先の原則と同じことになる」との批判がある（山口亮子「判批」民商法雑誌 132 巻 4・5 号 192 頁）。

4　面会交流の許容性の基準

　親権者・監護者の判断基準として、面会交流の許容性を考慮するようになったのは、最近のことである。したがって、母が正当な理由なく父との面会交流を認めない場合に、このことがどの程度親権者・監護者の判断に影響するかは、まだ固まっていないといえる。

　「監護親が面会交流について拒否し、あるいは消極的である場合、このことから直ちに非監護親を親権者と定めるということはあまりなく、他の要素をも検討して親権者について判断がされている。したがって、面会交流許容の基準は、あくまで判断の1つの要素ということである。」（秋武ほか＝親権112頁）と考えるのが、現時点での一般的な考え方であろう。

　しかし、母が面会交流を認めないことをかなり重視して、以下のように述べて、父を監護者と指定し、父への子の引渡しを認めた判例もある【東京家八王子支審平成21年1月22日家月61巻11号87頁】。

　「相手方（筆者注：母親）は、申立人（筆者注：父親）と未成年者（筆者注：7歳の男児）とが面接交渉（面会交流）をすることについて反対の意思を有しており、本件申立て以後においても、未成年者の通院等の手続についても申立人の協力を拒むなどし」「相手方のかかる態度については、申立人と未成年者との交流を妨げる結果となっており、未成年者が社会性を拡大し、男性性を取得するなどの健全な発育ないし成長に対する不安定要素となっている。」

　原則として非監護親と子との面会交流を認めることが実務では定着してきているので、今後面会交流の許容性の基準は、親権者・監護者の判断基準として重要性を増す傾向にあると思われる。

実務の注意点

1　子の利益の観点から見て、父が母よりも自分が子の親権者・監護者としてふさわしいと考える場合には、まずその理由をよく聞き、その根拠となる証拠を精査することが重要である。
2　母が精神的問題や男性関係等で、子を監護するにはふさわしくない場合も少なくない。そのような場合には、主たる監護者が母であっても、母が親権者・監護者としての適格性を欠くことを積極的に主張・立証するとともに、父の監護体制を調えることも重要である。

37 母を監護者、父を親権者にすることはできないのか

子どもを育てるのは母親優先と聞いたことがあります。子どもと別れたくないので、母親が育てるのは仕方ないとしても、せめて親権者を私にしてもらうことはできませんか？

> **考え方の Point**
> 1 子の監護者と親権者を分けることについて、実務は消極的である。
> 2 監護者と親権者を分離するためには、父母間の信頼関係が必要。
> 3 父が親権者となることによる母のメリットを説得材料にすべきである。

1 はじめに

母が子を監護している場合、その監護に問題がなくとも、父としては子の親権を母に渡してしまうことに強い抵抗感を持つことも多い。

子を家の跡取りとしたい場合、妻が再婚して再婚相手と子が養子縁組をする可能性がある場合、子の進学等に積極的に関わりたい場合等、父が子の親権者となることを強く希望することがある。

また近年、諸外国の例から見て、離婚時に子の親権者を父母のいずれか1人に決めなくてはならない制度自体を批判し、離婚後も父母の共同親権を認めるべきであるとの考えも強くなっている。

離婚後の共同親権を認めるためには、民法の改正が必要であり、現行法上はできないが、父母間で監護権と親権を分属させることによって、類似の効果を生むことが可能となる。

実務では、監護権と親権の分属には消極的であり、審判や訴訟で認められた例はわずかである。これは父母の協力がないと、分属によって子の養育等をめぐって父母が対立する危険があるからである。しかし、調停や当事者間の協議では、母を監護者、父を親権者とする例は珍しいわけではない。監護権を親権を分属させることによって、離婚の話合いが早期に円満に解決されることも少なくない。

したがって、夫婦間の対立がそう激しくない場合には、離婚を早期に解決し、離婚後の子の養育に父母が関与していく方法として、監護権と親権の分属を検討する余地はあると思われる。

2　子の監護者

「親権を行う者は、子の利益のために子の監護及び教育をする権利を有し、義務を負う。」（民820条）

したがって、子の監護は、親権の一内容であり、親権者が子の監護権を有する。しかし、民法は、親権者以外の者を子の監護者とすることを認めているので（民766条1項）、離婚の際に、親権者とは別に子の監護者を決めることができる。

3　監護者の権限

監護者の権限について、【東京高決平成18年9月11日家月59巻4号122頁】は、以下のように述べて、監護者に子の氏の変更申立ての代理権はないと判示している。

「監護とは、親権の主たる内容である監護及び教育（民820条）、子の居所指定権（民821条）、懲戒権（民822条）、職業許可権（民823条）を中心とする身上監護権を分掌し、子の財産につき管理及び代理する権限ないし養子縁組等の身分上の重大な法的効果を伴う身分行為について代理する権限は、親権者に留保され、監護権者にはこれらの権限は帰属しない」

なお、15歳未満の子の養子縁組について、親権者が法定代理人として縁組の承諾をするが、その承諾について監護者の同意を得なければならない（民797条）。

4　親権と監護権の分属に関する実務の考え方

前記で述べたように、実務は親権と監護権の分属には消極的である。
以下の記述が、現在の実務の一般的な考え方であろう。
「離婚紛争で対立関係にあった父母は、多くの場合、離婚後も相手に対立

感情をもち、冷静に子の利益を考え、親権者と監護者として協力しあう関係を構築することが困難である場合が多い。このような関係にある父母に親権と監護権を分属させることは、子を紛争の渦中におくことになり、問題である。」（近藤・西口＝親権131頁）

　他方、学説では、親権と監護権の分属により父母双方に子の養育について共同責任のあることを認識させる意義を評価するものがある（二宮＝家族法114頁）。

5　親権と監護権の分属についての判例

　離婚に際し、親権と監護権の分属を認めた判例として、【横浜家審平成5年3月31日家月46巻12号53頁（要約79）】がある。

　この審判は、「父母の離婚によって単独親権者となることはやむを得ないことであるが、未成年者らの健全な人格形成のためには父母が協力することが可能である場合には、協力関係が形成されることが望ましいことはいうまでもなく」と述べて、9歳と7歳の子の監護者を母、親権者を父とした。

　しかし、抗告審【東京高決平成5年9月6日家月46巻12号45頁（要約79）】は、「本件において双方（筆者注：父母）の適切な協力が期待され得る状況にあるとは思われ」ないとして原審判を取り消し、子らの親権者を母とした。

実務の注意点

1　子の親権と監護権の分属を希望する場合には、離婚に至る過程においても、できるだけ紛争を拡大させずに、子の養育、教育については、夫婦間の問題とは切り離して、協力し合える関係を築くようにアドバイスするべきである。
2　子の親権と監護権の分属を希望する場合は、審判又は判決で認められる可能性は低いので、離婚協議又は調停でまとめるよう努力すべきである。

38 面会交流を認めない母から親権者の変更はできるか

月1度の子どもの面会交流を条件として親権を妻に渡しました。しかし、妻はその約束を破り、全く子どもに会わせてくれません。裁判所に調停を申し立て勧告をしてもらいましたが、解決されません。約束が違うので、親権者の変更を申し立てられませんか？

考え方のPoint
1 母が面会交流を認めないことから直ちに父への親権者変更が認められることはない。
2 母が全く面会交流を実行しない場合には、履行勧告、間接強制、再調停の方法に加え、親権者変更の申立ても検討すべき。
3 親権者変更が認められても、母が監護者である場合には、父は子の監護に関しどこまでの権限を有するかという問題が残る。

1 はじめに

離婚時に母を子の親権者としたが、その後母が子を置いて家を出てしまったり、子が自分の意思で母の家を出て、父と暮らすといった事例もある。

小学校低学年の子が弟と共に、母の家を出て父の元に来たケースや、中学生になった子が父と生活することを決断したケースもある。

このような場合には、子の監護者が離婚時から変わっており、その監護実態に合わせて、子の親権者変更をする必要が生じる。

このような場合と異なり、子の監護親である母が、調停や審判で決められた面会交流を実行しない場合に、それを主な理由として子の親権者を父に変更することはこれまでは考えられてこなかった。

しかし、非監護親との面会交流が原則化されてきた実務において、調停や審判で決められた面会交流を実施しないことは、親権者としての適格性を欠く事情であるとする考え方が徐々に強くなってきている。

したがって、正当な理由なく、母が面会交流を拒絶している場合には、親

権者変更の申立てを考慮してみることになろう。

2 親権者変更の判断基準

　民法819条6項は、「子の利益のため必要があると認めるときは、家庭裁判所は、子の親族の請求によって、親権者を他の一方に変更することができる。」と定めている。親権者変更の判断基準について、実務・判例では大別すると以下の2つの説がある。
(1) 事情変更説
　親権者変更は、親権者の指定と異なり、既に親権者たる地位を取得している者がいるので、親権者変更には、親権者指定後の事情の変更が必要であるとの説である。
　「親権者指定後、事情の変更もないのに、法的地位の変動を認めることは法的安定性を害するし、親権者の指定はある程度将来の事情を予測して決定しているから、事情の変更は予測したものと異なる事情が新たに生じた場合である」（若林昌俊「親権者・監護者の変更の基準とその手続」判タ747号319頁（1991年））と厳格に考えるものもある。
(2) 双方の事情の比較考量を重視する説
　監護の実績を踏まえた上で、父母双方の事情の比較考量によるとの説である。これは事情変更に限定せずに、親権者の指定の場合の考慮事情と同様の事情を検討するとの考え方である（清水節「親権者の指定・変更の手続とその基準」判タ1100号153頁（2002年））。
　判例では、前記のいずれの説もあるが、民法819条6項は「子の利益のために必要がある場合」としか定めていないこと、特に協議離婚の場合には、子の利益の観点から適切とはいえない親権者の指定をしている場合もあること等から、実務では(2)の説の方が強いといえよう。

3 面会交流の拒否により父への親権者変更を認めた判例

　【福岡家審平成26年12月4日判時2260号92頁（要約98）】は、親権者である母が調停条項に基づく面会交流を履行しない場合に、母に監護権を留

保しつつ、父への親権者変更を認めた初めての判例であるので、詳しく紹介する。

(1) 事案

妻が長男を連れて別居し、その後離婚調停が成立した。

離婚調停において、妻を長男（調停成立時4歳）の親権者とし、面会交流については、宿泊付の面会交流を月1回行うことの他詳細な規定が決められ、面会交流を実現しなかった月の養育費の支払義務を免除する条項まで入れられた。しかし、面会交流は全く実現せず、父は母に対し、親権者変更および子の引渡しを求めた。

(2) 判旨

裁判所は、子が父を強く拒絶するに至った主な原因は母の言動にあると認定した上で、監護権を母に留保しつつ、以下のように述べて、子の親権者を父に変更し、子の引渡しは却下した。

「相手方（筆者注：母）が親権者と指定された前提が崩れていること、親権者変更以外に現状を改善する手段が見当たらないこと、親権と監護権とを分属させる積極的な意義が認められることを考慮すると、監護者を相手方に指定することを前提として、子の福祉の観点から、親権者を相手方から申立人（筆者注：父）に変更する必要が認められる。」

このように、前記判例は、父への親権者変更を認めたが、監護権が母に留保されていることから、母がそれでも面会交流を拒絶する場合には、父が親権者として子に対しどのような対応ができるのか疑問は残る。

実務の注意点

1　母が、調停や審判で定まった面会交流を実行しない場合には、子の親権者変更の申立ても検討すべきであろう。
2　父への親権者変更が認められても、母が監護権を有している場合には、母が拒絶的であると、父が子の監護教育にどの程度関与できるか疑問がある。
　このような場合には、監護権を含めた親権者変更が必要となろう。

6章　子供の親権・監護権

39 離婚後に親権者である母が死亡した場合

離婚した妻が亡くなったとの知らせを受けました。妻は私の子ども2人の親権者ですが、亡くなった以上私が親権者となり、育てるしかないと思います。変更してもらうことは可能ですか。

> **考え方のPoint**
> 1 子の親権者となった母が死亡した場合には、父は速やかに自分への親権者変更の申立てを検討すべきである。
> 2 家庭裁判所が子の未成年後見人を選任した場合であっても、父への親権者変更は可能である。

1 はじめに

　夫婦が離婚して母が子の親権者となった後に、母が亡くなってしまうケースもある。女手ひとつで懸命に子育てをしていて無理を重ねた場合や、将来を悲観して自殺をしてしまう母もある。このような場合に、未成年の子は1人残され、生活の不安にさらされることになる。

　また、母が将来を心配して、あらかじめ自分が亡くなった後の後見人を遺言で決めておくケースもある。このように、離婚時に母が子の親権者になった場合でも、婚姻時の父母の共同親権に比べると、子の監護、養育には不安定要素があることになる。

　そのため、父は離婚後もできる限り面会交流等を通じて、子とのつながりを保ち、母の監護養育をバックアップする気持ちでいてほしい。

　父がこのような気持ちを持っていても、母が父との面会交流等を拒絶している場合も少なくないが、それでも父としては諦めることなく、子を長い目で見守る気持ちを持つことが大切である。

2 親権者変更申立てについての学説

離婚時に母が未成年者の親権者になり、その母が死亡した場合には、民法838条1号によれば未成年者について後見が開始されることになる。

未成年者について生存親（父）がいる場合に、父が親権者変更ができるか否かについては、学説上、以下のような説がある。

① 後見開始説…………単独親権者の死亡により後見が開始し、後見開始後生存親に親権を変更する余地はないとする説
② 親権回復説…………生存親の親権が当然に復活するとの説
③ 親権制限回復説………後見人選任前に限り、生存親に親権を変更できるとの説
④ 親権無制限回復説……後見人の選任の前後を問わず、生存親に親権を変更できるとの説

学説は、かつては①が有力であったが、現在では③④の説が通説である。

3 判例の動向

判例でも、当初①の後見開始説が強かったが、徐々に③④の説に移行している。そして、現時点では、④の親権無制限回復説が実務上定着している。

これは、「後見はもともと補充的な制度であり、父又は母が生存する以上、後見人としてではなく親権者として子の監護責任を果たしたいという国民感情は尊重すべきであり、親の自然的愛情に基づく養育監護の途を設けておくことが、子の福祉に合致するといえよう。」（清水節『判例先例 親族法Ⅲ 親権』131頁（日本加除出版、2000年））との考えによる。

4 父への親権者変更の判例

前記のとおり、親権者母が死亡した場合には、子の後見人選任の前後を問わず、父は、子の親権者変更の申立てをすることができる（民819条6項、家事法別表第二8）。

そして、裁判所は、子の利益のために必要があると認める場合には、父への親権者変更を認める。

しかし、判例では、父への親権者変更を認めた事例は決して多くない。
① 【東京高決平成6年4月15日家月47巻8号39頁（要約92）】
　協議離婚の際に親権者となった母の自殺後、母方の祖母が後見人に選任され、未成年者（原審判時2歳8か月の女児）を監護養育しているのに対し、父が親権者変更の申立てをした事案について、抗告審は、以下のように述べて、父への親権者変更を認めた原審判を取り消し、父の申立てを棄却した。
　「本件のような親権者変更申立については、民法819条6項を準用すべきものと解されるが、右申立を許可すべきか否かは、同項が規定する子の利益の必要性の有無によって判断することになり、具体的には、新たに親権者となる親が後見人と同等又はそれ以上の監護養育適格者であり、かつ親権者を変更しても子の利益が確保できるか否かという観点から判断すべきである。
　本件についてこれを見るに、現在未成年者は抗告人夫婦（筆者注：子の母方の祖父母）の元でその愛情に育まれた環境の中で安定した生活を送っている。
　他方、相手方（筆者注：父）は未成年者に対する愛情を持ってはいるが、前記のように、未成年者に面会したり、その愛情を示す行為をしておらず、その生活態度に問題がないわけでもない。しかも相手方が未成年者を引き取った場合、同人の実際の養育は相手方の父母に頼らざるを得ないところ、右父母は未成年者とは殆ど会っていないし、未成年者に対する愛情は未知数である。
　このように、母を失った悲しみをようやく克服しつつあるかに見える未成年者を、今新たに、物心がついてから殆ど生活を共にしたことのない相手方及びその父母の養育に委ねることは、未成年者にとって大きな苦痛をもたらし、その利益に合致しないばかりか、新たな環境に適応できないおそれのある本件においては、回復が困難な精神的打撃を未成年者に与える可能性がある（原審の家庭裁判所調査官は、この点を考慮し、相手方に対し、本件の結果如何にかかわらず、未成年者との面接、交流をするよう勧めたが、相手方はこれに応じようとしていない。）。」
　なお、この事案では、母方の祖母が後見人に選任された審判において、父の意向調査等はされず、父は、当時祖母が後見人に選任されたことを知らなかった。

② 【仙台高決昭和63年12月9日判時1298号122頁、判タ690号222頁】
　調停離婚に際し親権者となった母が乳癌で死亡し、母方の祖父母が未成年者（抗告審決定時5歳の長女）を養育監護しており、父が親権者変更の申立て、祖父母らが後見人選任の申立てをした事案について、裁判所は、父の親権者変更を認め、祖父母の後見人選任申立てを却下した。
　この事案においては、離婚時に父が長男の親権者になっていることから原審判は、「一般に幼児の人格の形成、発達にとって家庭内における日常的な親や兄弟姉妹との接触」等が重要であることを重視している。

5　母が遺言で後見人を指定した場合

　未成年者の最後の親権者は、遺言で未成年後見人を指定することができる（民839条1項）。
　母が遺言で子の後見人を指定していた場合には、指定された者が市区町村役場に未成年後見人の戸籍届出をすることになる。
　この場合であっても、父が子の親権者変更の申立てができるかについては、最近【大阪家審平成26年1月10日判時2248号63頁、判タ1410号390頁、家庭の法と裁判2号92頁】が出ている。
　これは、離婚時3人の子の親権者となった母が、母方の祖母を未成年者らの後見人に指定する旨の自筆証書遺言を作成しており、母死亡後祖母は自筆証書遺言の検認を経て、未成年者らの後見人に就任した旨の戸籍上の届出をなし、未成年者らを引き取ったが、父が親権者変更の申立てをした事案である。
　家裁は、以下のように述べて父の申立てを認め、この審判は高裁でも維持された。
　「親権者による未成年後見人の指定がされているときでも、未成年後見制度が元来親権の補完の意味合いを持つにすぎないことに照らすと、親権者変更の規定に基づいて親権者を生存親に変更することが妨げられるべき理由はない。B（筆者注：母方の祖母）は、そのような解釈は遺言制度の趣旨に反するというが、親権であれ、未成年後見であれ、未成年者の利益を重視して運用されるべきものであり、遺言による未成年後見人の指定においては、その適性を審査する機会が全く存在しないことにも照らすと、同指定がされた

ときには親権者変更の余地がないとすることは、却って未成年者の利益を害しかねないものと考えられる。」

6　父への親権者変更をするためには

このように、母死亡後の子の養育監護については、母の両親と対立することが多い。

母の両親は、離婚時の経緯等から子の父に悪感情を抱いていることが多く、また、孫かわいさから孫を父に引き渡すことに強い抵抗を示すことがある。

父が子の親権者として認められるためには、その職業、収入、生活環境等が安定していることはもちろんであるが、離婚後も子との面会交流等を通じて、子との精神的なつながりを維持してきたかどうかが極めて重要である。

> **実務の注意点**
>
> 1　父と子の関係は離婚によって終了するわけではない。親権者母が死亡後に、父が子の親権者となるためには、離婚後も面会交流等を通じて、子とのつながりを維持していることが重要である。
> 2　子の親権者母が死亡した場合には、その祖父母等が後見人となって子の監護養育をする状態が安定しないうちに、できるだけ早く親権者変更の申立てをすべきである。

40 離婚後、妻の交際相手が子を虐待している場合

離婚した妻が交際中の男と同居しているようですが、その男が私の子どもに暴力を振るっていることがわかりました。それでも妻は親権を盾に、子どもに会わせてもくれず、交際相手の暴力も認めません。悲しさと怒りで気が狂いそうです。緊急性を理由に無理矢理にでも会って、連れ戻してもよいでしょうか。

> **考え方のPoint**
> 1 親権者である母等が、子を虐待している場合には、親権喪失、親権停止、親権者変更等を検討すべきである。
> 2 親権者母等が子を虐待しているおそれがある場合には、まず児童相談所又は市区町村に通告をして、調査等をしてもらうことが重要である。
> 3 児童相談所等により子の虐待が確認できた場合には、子の親権者変更、親権喪失、親権停止等の申立てをすべきである。

1 はじめに

　児童虐待が社会問題化してから久しいが、児童虐待は年々増加の一途をたどっている[1]。児童虐待には、様々な要因があるが、離婚後に子を養育している母が、経済的、精神的な不安等から子の虐待をするケースも少なくない。

　特に、母が再婚したり、交際をしている男性がいる場合には、母は、その男性への遠慮や迎合から、その男性の児童虐待を放置したり、一緒になって虐待に及ぶことがある。このような場合に、親族や近所の人、学校関係者等が虐待を認知して、児童相談所等に通告することもある。

　しかし、これまでは離婚した父が子の虐待を知ることはあまりなかった。これは、離婚後に父と子との交流が途絶えてしまっているケースが多いからである。

　離婚後も面会交流の調停申立て等により面会交流を実現することで、母やその交際相手等からの虐待を防止する役割を果たすことが重要である。

2 親権喪失

「父又は母による虐待又は悪意の遺棄があるときその他父又は母による親権の行使が著しく困難又は不適当であることにより子の利益を著しく害するときは、家庭裁判所は、子、その親族、未成年後見人、未成年後見監督人又は検察官の請求により、その父又は母について、親権喪失の審判をすることができる。」（民834条）

この規定は、平成23年の民法の改正法（平成24年4月1日から施行）で、その要件が明確化されたものであり、親権者に非難可能性や有責性がない時でも適用できる。

この手続きは、家事事件手続法別表第一事件で、管轄は子の住所地となる（家事157条）。

離婚後非親権者となった父も、親権喪失の申立てをすることができる。

審判手続では、審判結果が当事者や子に多大な影響を与えることから、子（15歳以上のもの）と親権者の陳述を聴かなければならず、親権者の陳述の聴取は、審問期日においてしなければならない（家事169条1項1号）。

なお、親権喪失審判手続は、数か月かかるので、子の利益の観点から緊急性がある場合には、同時に、親権者の職務執行停止、職務代行者選任の保全処分申立てを行うべきである。

子の単独親権者である母の親権が喪失した場合には、親権者がいなくなることから、未成年後見が開始することになる（民838条1項）。

しかし、本書39項で述べた単独親権者母が死亡した場合と同様に、現在の通説では、後見開始後であっても父が親権者として適格であれば、親権者を父に変更できると解される。

3 親権喪失の判例

民法改正法施行前の判例であるが、【名古屋家岡崎支審平成16年12月9日家月57巻12号82頁】は、参考になるので紹介する。

夫（D）と妻（B）は、平成13年に長男（未成年者、審判時10歳）と二男（審判時8歳）の親権者を母であるBと定めて協議離婚した。

Bは、夜間に仕事で家を空ける際に、同棲相手の男性（A）に長男、二男

を預けていた。BはAから長男のしつけができていないとの指摘を受けて、未成年者の行動を厳しく咎めるようになり、未成年者が言うことを聞き入れないと、しつけの手段として、未成年者の顔面を平手で10回程度殴打するなどの暴行を加えるようになり、Aも同様の行為に及ぶようになった。そのため、未成年者の顔面や手足に痣や腫れがあるのが頻繁に目撃されていた。

児童相談所（以下、「本件児相」という）は、未成年者に対する虐待の疑いがあるとの通告を受け、一時保護措置をとり、さらには、名古屋家裁豊橋支部から施設入所承認の審判を受けて、未成年者を情緒障害児短期治療施設（以下、「本件施設」という）に入所させる措置をとった。

Aは、本件児相から虐待と扱われたことに怒り、本件児相や市教育委員会等に対し、激しい抗議や苦情を繰り返すようになり、平成15年9月には、教育委員会職員2名に暴行を加えて、うち1名に傷害を負わせて、逮捕・勾留され、罰金15万円の略式命令を受けた。

未成年者の父であるDは、未成年者が一時保護されていた平成15年2月、未成年者についての親権者変更調停を申し立て（同年4月不成立により審判移行）、同年8月未成年者との面接交渉調停を申し立てた。

ところが、平成15年10月17日の面接交渉調停期日において、次回期日が指定されず、前記の親権者変更審判について近日中に審判がなされることがABに伝えられたところ、同月24日ごろ、AがBと同月27日に婚姻し、Aと未成年者（代諾者B）との養子縁組届出を提出する予定であることが発覚した。

そこで、Dは、Bの未成年者への職務執行停止を求める審判前の保全処分を申し立て、同月24日、同支部は、これを認容して職務代行者を選任する旨の審判を出し、同審判書は、同月26日、Bに送達された。

しかし、ABは、前記送達の前日である同月25日、婚姻届及びAと未成年者（代諾者B）との養子縁組届を提出し、そのため、同支部は、平成16年1月7日、前記縁組によってDが親権者変更を求めることは法律上できなくなったとして、親権者変更の申立てを却下する旨の審判を出した。

一方、同支部は、平成15年12月、前記面接交渉調停が不成立になると、同月19日、Dと未成年者が毎月2回程度面接交渉することを許可する旨の審判を出し、その後、Dは、前記審判に基づいて未成年者との面接交渉を重ね、未成年者と良好な関係を築いている。

本件児相は、ＡＢに対し、未成年者の親権喪失の申立てをした。

裁判所は、「事件本人ら（筆者注：Ａ、Ｂ）は、本件児相から虐待といわれたことに強く反発して、本件児相への激しい抗議行動等に終始し、未成年者の監護養育や施設の早期退所の必要性についての配慮が全くうかがわれず、むしろ、上記養子縁組の経緯や事件本人らの発言及び態度等からは、未成年者についての親権を本件児相への抗議行動やＤに対する謝罪、金銭要求の手段としているのであって、こうした事件本人らの態度は、未成年者の福祉を著しく損なうものであり、親権の濫用といわざるを得ない。」と述べて、ＡＢの長男に対する親権喪失の審判を下した。

この事案は、実父と児童相談所が粘り強く戦った結果、長男の虐待を防止したものであり、その苦労の経緯は類似のケースに関わる全ての父に勇気を与えるものであろう。

4　親権の停止

民法834条の２第１項は、「父又は母による親権の行使が困難又は不適当であることにより子の利益を害するときは、家庭裁判所は、子、その親族、未成年後見人、未成年後見監督人又は検察官の請求により、その父又は母について、親権停止の審判をすることができる。」と定めている。

この親権の停止期間は、２年を超えない範囲内で家庭裁判所が定める（同条２項）。

この親権停止制度は、平成23年の改正法によって新たに設けられたものである。

5　児童虐待防止法に基づく通告

児童虐待の防止等に関する法律（児童虐待防止法）６条１項は、「児童虐待を受けたと思われる児童を発見した者は、速やかに、これを市町村、都道府県の設置する福祉事務所若しくは児童相談所又は児童委員を介して市町村、都道府県の設置する福祉事務所若しくは児童相談所に通告しなければならない。」と定めている。

この条文によって明らかなとおり、通告者は、児童虐待であることを確認

する必要はなく、虐待が疑われる場合には、通告義務が課されているのである。

したがって、子が虐待を受けているという疑いを父が抱いた場合には、まず市区町村や児童相談所に通告することを検討すべきであろう。

通告を受けた児童相談所等は、子どもの安全確認、保護者の出頭要請等をなし、必要があると認める場合には、子どもの一時保護等の措置を講ずる。しかし、最近の報道等によっても指摘されているように、児童相談所の人員不足や手続き上の要請から、子どもの一時保護等には時間がかかる。

したがって、子の虐待の態様等から緊急性がある場合には、警察署への通報も検討すべきである。

実務の注意点

1　前記の名古屋家岡崎支審の事例のように、親権者である母の再婚相手と子が養子縁組をすると、子は、実母と養親との共同親権に服することになり、実父への親権者変更はできなくなる。この場合には、実母と養親の親権を喪失させるしかないであろう。
2　離婚後も子との面会交流等を継続することで、父が早い段階で、子の異変に気づき、虐待を防止することが可能となる。

1）全国の児童相談所での児童虐待に関する相談対応件数は、毎年増加しており、平成27年度は、約10万3000件に上った。

41

妻が夫に無断で子を連れ別居した際にとるべき手段

家に帰ったところ、妻が4歳になる子どもを連れて家を出ていました。離婚を求める内容の置き手紙がありました。あまりに急なことで、こんな身勝手な妻とは別れてもよいと思いますが、かわいい子どもを絶対に手放したくありません。そもそもなんの予告もなく、勝手に子どもを連れ出すのは誘拐と同じではないでしょうか。

> **考え方の Point**
> 1 突然、妻が子を連れて家を出る事案はかなり多い。この場合まず子の引渡し等を求めることを検討すべき。
> 2 夫が子の引渡請求の保全処分、審判申立てをしても、子の引渡しを実現することは容易ではない。
> 3 放置しておけば、子との連絡は途切れ、妻が子の監護をしている状態が固定されることになる。

1 はじめに

　夫としては、普通の夫婦生活を送っていると思っていたが、ある日突然妻が子を連れて家を出てしまい、行方もわからないという事案は、決して少なくない。妻は、かなり前から夫との離婚を考えており、家を出る準備をしていることが多い。特に、子の学期が終わった後の春休みや夏休みに入ってから、家を出るケースが多い。

　夫は、全く予期していなかったことから、パニック状態になり、妻の両親や友人等に妻子の所在を尋ねるが、彼らは事前に妻に口止めされており、妻子の行方はわからないことが多い。

　このような場合に、夫が諦めて時間が経過すると、子の新たな生活環境は安定してしまい、離婚手続で、夫が子の親権、監護権を主張しても認められないことになる。したがって、妻が子の親権者となって離婚することを夫が

望んでいない場合には、早期に子の引渡請求を検討すべきである。

2 共同親権者間の子の引渡請求

「親権は、父母の婚姻中は、父母が共同して行う。」（民818条3項項本文）
したがって、夫婦が別居中であっても、離婚していない場合には、父は子の共同親権者である。共同親権者である別居中の夫婦間の子の引渡しについては、離婚後の子の監護に関する規定である民法766条2項を類推適用することは争いがない。したがって、別居中の父の母に対する子の引渡請求は、子の利益を最も優先して考慮しなければならない（民766条1項）。

3 妻による子の連れ去りの違法性

事前に夫婦間の協議がなく、妻が子を連れて別居した場合に、妻の行為は、共同親権者である夫の親権を侵害しており、違法な行為であると考えられる。

しかし、これまでの実務・判例は妻による子の連れ去りを違法であるとは考えていない。

少し長いが、以下の著述が現在の通常の実務を表しているので、引用する。

「他方の親の同意なく開始された監護は、その開始が平穏であったとしても違法であると主張されることがあるが、必ずしも違法であるとはいえない。別居に当たって、親が子を連れて出ることは少なくなく、その場合、他方の親の同意を得ないで連れて行くことはまれではない。わが国では、親権を有する母親が共同親権者の同意を得ないでした行為であっても、法制度上、これが明確に違法であるとはされていなかったし、従来から、子が幼いときはその養育は母親の責任であり、母親が子のそばを離れることは育児の責任を放棄することであって許されないとする考え方もあって、社会通念としても、母親が父親の同意を得ないまま連れ出したとしても、これが違法であるとは、必ずしも考えられてこなかった。そして、核家族化した現代においても男性が育児を女性にほぼ全面的に委ねている場合は決して少なくなく、そのような場合に女性が別居するに当たって子を連れ出せないとすれ

6章｜子供の親権・監護権

ば、子の生命身体に危険が生じることもあり、主たる監護者であった母親が別居に当たって他方の親の同意なく子を連れ出したとしても、他方の親の意向に必ずしも反しないといえる場合もあり、これを一概に違法であるとすることはできない。その違法性の有無は、子の年齢やその意向、連れ出すに当たっての具体的な経緯及び態様等を総合的に考慮して判断すべきであると思われる。」（松本哲弘「子の引渡し・監護者指定に関する最近の裁判例の傾向について」家月63巻9号30頁（2011年））。

すなわち、端的にいうと、母が父に無断で子を連れて家を出る行為は違法ではなく、逆に父が母に無断で子を連れて家を出る行為は違法であると判断される傾向にあったといえよう。

しかし、性別役割分担の見直し、子の養育に関わる父が増えたこと、「国際的な子の奪取の民事法上の側面に関する条約」（以下、「ハーグ条約」という）の加入等の理由から、このような考え方は徐々に変更される兆しが見えてきている。

4 父による子の引渡請求を認めた判例

母による子の引渡請求を認めた判例は多いが、父による子の引渡請求を認めた判例は少ない。次の東京高裁の判例は、父による子の仮の引渡保全処分を認めた判例として重要である。

母が1人で実家に帰った後、保育園に行き、3歳の長男を連れ出して監護したため、父が子の監護者を仮に父と定め、子の仮の引渡しを求める審判前の保全処分の申立てをした事案について【東京高決平成20年12月18日家月61巻7号59頁（要約152）】、東京高裁は、以下のように述べて、子の父への仮の引渡しを認め、仮の監護者指定は却下した。

「共同親権者である夫婦が別居中、その一方の下で事実上監護されていた未成年者を他方が一方的に連れ去った場合において、従前未成年者を監護していた親権者が速やかに未成年者の仮の引渡しを求める審判前の保全処分を申し立てたときは、従前監護していた親権者による監護の下に戻すと未成年者の健康が著しく損なわれたり、必要な養育監護が施されなかったりするなど、未成年者の福祉に反し、親権行使の態様として容認することができない状態となることが見込まれる特段の事情がない限り、その申立てを認め、し

かる後に監護者の指定等の本案の審判において、いずれの親が未成年者を監護することがその福祉にかなうかを判断することとするのが相当である」

この判例は、子の引渡保全処分について、ハーグ条約の枠組みを国内事件にも準用したものとも考えられる（山口亮子「判批」判タ1312号61頁）。

しかし、この事案は、母が1人で実家に帰り、父が子の監護をしていた事案であるので、母が父に無断で子を連れて別居した場合にも同様の判断が下されるとはいえない。

しかし、今後、母による子の無断連れ出しの違法性が認められるケースは増えていくと思われる。

> **実務の注意点**
>
> 1　母が父に無断で子を連れて家を出て、その後連絡もない場合には、子の引渡請求の審判、保全処分の申立てを検討すべきである。
> 　　その際、併せて、子の監護者を父に指定する審判、保全処分の申立てをすることが一般的ではあるが、前記東京高判の考え方を前提にすると、速やかに子の引渡請求の審判、保全処分のみを申し立てる方が望ましいともいえる。
> 2　子の引渡請求の審判、保全処分が下されない場合であっても、審理において調査官調査が行われるため、子の監護状況を知ることは可能である。

42

父が親権者に指定されたが、妻が従わない場合

妻と子どもの親権を争い、裁判で私が親権者に指定され確定しましたが、妻は従わず、子どもを引き渡しません。もはや実力行使しかないと思いますが、勝手に連れてきた場合、誘拐となるのでしょうか。

> **考え方の Point**
> 1　父が親権者に指定される場合には、事前に子の引渡しについて、母と交渉して、任意に子が父の元に来るように努力すべきである。
> 2　母が説得に応じない場合には、直接強制の申立て、人身保護請求の方法を検討すべきである。

1　はじめに

　家裁の審判や判決で、子を監護している親に対し、非監護親への子の引渡しが命ぜられた場合であっても、実際に子の引渡しを実現することはたやすいことではない。

　乳幼児の引渡しの場合には、見ず知らずの執行官が自宅に来て子を連れて行こうとすれば、子が驚いて泣き叫ぶことは通常であるし、小学校低学年くらいの子であれば、監護親の意向を受けて非監護親の元へ行くことを拒否することは予想できることであろう。

　また、現時点では、子の引渡しの直接強制の手続きや方法論が調っていないために、執行官による執行の上手い下手もあるように思える。

　子にとって、引渡しの強制執行は、決して望ましいことではないので、やむを得ず強制執行する場合にも、その具体的方法等について慎重に準備することが大切である。

2　直接強制の方法

　離婚判決で子の親権者が父と指定される場合で、父が子の監護をしていない場合には、通常父への子の引渡しも命ぜられる。

　人事訴訟法32条2項は、裁判所が離婚を認容する判決において、子の引渡し又は金銭の支払いその他の財産上の給付その他の給付を命ずることができると定めている。

　また、親権者指定の審判等においても、同様に、家庭裁判所は監護親に対して子の引渡し等を命じることができる（家事171条）。

　この子の引渡しを命ずる判決や審判は、執行力を有している。したがって、監護親が子の引渡しに応じない場合には、判決や審判に基づいて、子の引渡しの強制執行（直接強制）ができることになる。

　具体的には、動産の強制執行（民執169条）に準じて、執行官が子を監護親から取り上げて、非監護親に引き渡す方法による。

　判例においては、「たとえ幼児であってもそこには人格の主体もしくは少なくともその萌芽を認めるのが相当であって……物と幼児とを同一視することはできない」として、子の引渡し強制執行を認めないものもある【札幌地決平成6年7月8日判タ851号299頁（要約142）】。

　大半の判例、実務は、一定の制約の下で、子の引渡しの強制執行を認めている【東京地立川支決平成21年4月28日家月61巻11号80頁】。

　しかし、強制執行に着手しても、子が強く拒絶する場合などには、執行が不能となる場合も少なくない。

3　間接強制の方法

　監護親が子の引渡しに応じない場合には、民事執行法172条1項に基づき、遅滞期間に応じて監護親に一定の金額の支払いを命ずる方法がある。

　子の引渡しについて間接強制ができることについては争いはないが、間接強制は裕福な監護親にとっては打撃とはならず、一方財産がない監護親からは金員を取ることができず、子の引渡しを実現する方法としては、効果がないことが少なくない。

4　人身保護法に基づく子の引渡し

　人身保護法に基づく子の引渡しは、判例によってその適用範囲が限定されてきた。

　人身保護法に基づく共同親権に服する幼児の引渡請求について、監護親による監護が子の福祉に反することが明白であることを要するとするのが確立した判例である【最判平成5年10月19日民集47巻8号5099頁（要約137）】。

　そして、この明白性の要件に該当する場合として、拘束者に対し、子の引渡しを命ずる仮処分又は審判が出され、その親権行使が実質上制限されているのに拘束者が右仮処分等に従わない場合が挙げられている【最判平成6年4月26日家月47巻3号51頁（要約140）】。

　したがって、判決や審判によって子の引渡しが命じられたにもかかわらず、監護親がこれに従わない場合には、人身保護法に基づく子の引渡請求が認められるであろう。

　人身保護法に基づく手続きは迅速に行われ、審問のため拘束者を召喚し、違反者に対して、勾引、勾留、過料の賦課等ができるので、実効性が高いといえる。

実務の注意点

1　子の引渡しの強制執行をする場合には、事前によく執行官と打合せをして、子が愛着を持っている祖父母等を立ち会わせたり、おもちゃ等を持参するなど、細かい配慮が必要である。
2　人身保護請求は迅速に決定が出るので、その要件がある場合で、強制執行が監護親の妨害等によって執行不能となった場合等には、この手続きを検討すべきである。

第7章

面会交流

43

親権・監護権を失った父は子どもに会えないのか

子どもが小さかったので、協議の結果、子どもの親権者は母親である妻としました。子どもにはこれで会えなくなるのでしょうか？ 面会交流（面接交渉）という制度があると聞きましたが、それはどのようなものですか？

> **考え方のPoint**
> 実務では一般に、面会交流は、子の監護のために適正な措置を求める権利と解されており、親の権利性を強調することは適切ではない。

1 はじめに

以前は離婚において、特に子が幼少の場合には、母が子の親権者となって子の養育をし、父は離婚後一切子に会えないということが一般的であった。

子の親権者とならなかった父は、遠くから子の成長を見守るのが子にとっても良いとする考え方が強かったからであろう。

しかし、昭和39年に初めて子との面会交流を認める審判が出されてから【東京家審昭和39年12月14日家月17巻4号55頁】、面会交流を認める判例が多く出され、実務では面会交流を認めることが定着してきている。

このような実務の影響もあって、父母の考え方も変化している。離婚後も子を父に会わせることが普通であると考える母も多くなっており、むしろ父が面会交流を求めないことに不信感を抱く母もいる。

しかし、家庭裁判所で調停や審判となる事案の中には、母がかたくなに面会交流を拒むケースも少なくない。

このようなケースの場合には、結果として面会交流が実現できずに、父と子との交流が断たれてしまう場合もある。

面会交流は、要求することは容易だが、うまく継続して実行していくことはかなり難しいものである。

2　面会交流とは

　面会交流とは、「父母の離婚前後を問わず、父母が別居状態にある場合に、子と同居せず、実際に子を監護していない親（以下「非監護親」という。）が、子と直接会うこと並びに手紙、電話、メール及びインターネットを利用した通話などで連絡を取り合うことの両方を含むもので、親子の意思疎通を図ることをいう。」（家事事件・人事訴訟事件の実務187頁）。

　以前は、法律に面会交流の明文の規定はなかったが、平成24年4月1日に施行された改正民法では、766条1項で次のように面会交流の規定を置いた。

　「父母が協議上の離婚をするときは、子の監護をすべき者、父又は母と子との面会及びその他の交流、子の監護に要する費用の分担その他の子の監護について必要な事項は、その協議で定める。この場合においては、子の利益を最も優先して考慮しなければならない。」

　なお、以前は、「面接交渉」という言葉が使われていたが、裁判所では平成21年から「面会交流」の言葉が使われ始め、改正民法も「面会交流」の言葉を使っていることから、現在では、「面会交流」の言葉が定着している（秋武ほか＝親権154頁）。

3　面会交流の法的性質

　面会交流が権利であるかどうかについて、学説では、面会交流の権利性を肯定し、実体的権利であるとする説が強く、その権利主体については、親の権利とする説、子の権利とする説、親と子双方の権利であるとする説等がある。

　しかし、判例は、直接にはその権利性については述べていないが、【最決平成12年5月1日家月52巻12号31頁】についての最高裁調査官の判例解説では、「面接交渉の内容は監護者の監護教育内容と調和する方法と形式において決定されるべきものであり、面接交渉権といわれているものは、面接交渉を求める請求権ではなく、子の監護のために適正な措置を求める権利」（杉原則彦・最判解民事篇平成12年度（下）21事件514～517頁）であると述べており、これが実務での一般的考え方と思われる。

4　面会交流についての基本的考え方

　前記民法766条の改正について、「子の養育・健全な成長の面からも、一般的には、親との接触が継続することが望ましく、可能な限り家庭裁判所は親子の面会ができるように努めることが民法766条の意図するところとされている」(第177回国会衆議院法務委員会会議録第7号)と解されている。
　家庭裁判所の実務も子の利益に反する事情がない限り、原則として、非監護親と子との面会交流を認めるようになっている。
　したがって、監護親と別居した場合には、非監護親の父は、原則として期間を置かずに、速やかに子との面会交流を実現する方策を検討すべきである。

実務の注意点

1　母が子を連れて別居した場合には、事案によって、速やかに子の引渡し、監護者指定、面会交流の方法を検討すべきである。
2　監護親である母が婚姻費用分担、離婚調停の申立てをした場合には、非監護親である父は原則として、子との面会交流の調停申立てをなし、これらを並行して解決することを検討すべきである。

44

面会交流の調停・審判の実情

子どもを連れて別居した妻に子どもに会いたいと何度も頼んでいますが、なかなか会わせてくれません。裁判所の調停で子どもに会えるよう決めてもらうことができると聞きましたが、必ず会わせてもらえるのでしょうか？

> **考え方のPoint**
> 1　調停実務では、面会交流を実施することを原則としている。しかし、母が、面会交流に否定的な場合には、調停委員がどこまで積極的に母を説得するかは、事例によっても、調停委員の考え方や力量によっても異なる。
> 2　面会交流を親の権利として主張するよりも、子の立場からどのような面会交流を行うことが望ましいかを考えることが大切である。
> 3　面会交流の具体的実施方法をイメージし、母や調停委員に提示していくことが重要である。

1　はじめに

　離婚後又は別居中の非監護親の父が、子との面会交流を求める調停の申立ては激増している。平成10年の面会交流調停事件の新受件数は約1700件であったが、これが平成27年には、1万2000件になっている。

　このように面会交流の調停事件は激増しているが、面会交流が成立した割合はやや上昇しているものの50％強程度であり、面会交流の審判の認容割合も30％程度である。

　このように、面会交流の調停・審判によっても面会交流が認められなかったり、認められてもその頻度は月1回程度であったり、また面会交流を認める調停が成立しても、母が子に会わせなかったりする事案も少なくない。調停・審判による面会交流は、まだまだ極めて不十分である。

　したがって、父親や弁護士は、このような調停・審判の実情をよく認識した上で、うまく面会交流を実現できるように努力する必要がある。

2　面会交流の権利性

　民法766条1項に定める面会交流（面接交渉）は、監護について必要な事項の一内容とされ、面会交流の権利性は規定していない。

　平成8年民法改正要綱試案の説明によれば「諸外国の立法例には、面接交渉を親の『権利』として規定するものも見られるが、現在の我が国の社会環境、家庭の状況、国民の意識などを考慮すると、面接交渉の権利性を強調することは適当でなく、かえって実務の混乱を招くおそれがある。」とされている。

　したがって、現在の実務では、面会交流は面会交流を求める権利ではなく、子どもの監護養育のために適正な措置を求める権利と解されている。

　他方、学説においては、面会交流の権利性を認めるものが多く、親と子双方の権利と考える説が多い。

3　面会交流の原則化

　非監護親と子との面会交流を認めることが原則であるかどうかについては、これまでの判例の傾向を見ると、これを否定するものが多かった。しかし、前記民法766条の改正等を受けて、家裁実務では、面会交流を認めることが原則であるとの考え方が定着してきているように思える。

　秋武憲一教授は、「民法766条が改正されて、面会交流について明文で規定されたため、面会交流の権利性が高まったとして、面会交流については、非監護親が子どもに対して、直接その福祉（利益）を害するような行為をするおそれがない限りこれを認めるべきであるとする考えが強くなってきました。」と述べている（秋武＝調停162頁）。

　また、細矢郁判事らの論文では「家庭裁判所の実務においては、非監護親と子との面会交流は基本的に子の健全な育成に有益なものであるとの認識の下、その実施によりかえって子の福祉が害されるおそれがあるといえる特段の事情がある場合を除き、面会交流を認めるべきであるとの考え方が既に定着しているものといえよう。」と述べている（細矢郁ほか「面会交流が争点となる調停事件の実情及び審理の在り方」家月64巻7号1頁（2012年））。

4 調停の実情

　面会交流の調停において、監護親の母がかたくなに面会交流を拒否する場合には、調停委員の説得も効を奏さないことが多い。
　このような場合には、調停の初期段階から家裁調査官が調停に立会うことも多い。家裁調査官によってその経験、力量に差があるが、家裁調査官を通じて母の面会交流に対する不安を払拭するよう努力することも大切である。
　また、長期間子との面会交流が行われていなかった場合等には、家裁において、試行的面会交流を実施することもある。
　しかし、試行的面会交流において、特に問題がなかった場合であっても、母は、なかなか面会に応じない場合もあり、調停には限界があると言わざるを得ない。

5 審判の実情

　最近の面会交流の審判においては、以下のように監護親が拒否している事案であっても、面会交流を認めるものが多くなっている。
① 【大阪高決平成21年1月16日家月61巻11号70頁】
　不法滞在のために国外退去処分を受けている外国籍の父が子（調停申立て時約6歳）の面会交流を求めた事案について、以下のように述べて、年4回の面会交流を認めた。
　「子と非監護親との面接交渉は、子が非監護親から愛されていることを知る機会として、子の健全な成長にとって重要な意義があるため、面接交渉が制限されるのは、面接交渉することが子の福祉を害すると認められるような例外的な場合に限られる。」
　「未成年者が抗告人（筆者注：父）と面接交渉し、抗告人への愛着を感じるようになったのに抗告人が退去強制となった場合には、未成年者が落胆し悲しむことも考えられるが、未成年者が父を知らないまま成長するのに比べて、父を認識し、母だけではなく、父からも愛されてきたことを知ることは、未成年者の心情の成長にとって重要な糧になり、また、父が母国について未成年者に話すことは、未成年者が自己の存在の由来に関わる国について知る重要な機会となる。」

②　【大阪高決平成22年7月23日家月63巻3号81頁】
　父が母に対し、子との面会交流をする時期・方法などの条件を定めることを求めた事案について、高裁は、以下のように述べて、当初2か月に1回・1時間であった面会交流を、月1回・6時間まで頻度・時間を段階的に増加させることを認めた。
　「未成年者の健全な成長のためには可及的速やかに非監護親である申立人（筆者注：父）との面会交流を実現するべきであり、面会交流によって生じるおそれがある未成年者の情緒的不安定や不適応な症状に対しては、相手方（筆者注：母）において適切に対応することによって収束する可能性が十分あることは原審判説示のとおりである。」
　したがって、監護親である母が面会交流を拒否する場合には、面会交流の認容審判を得るようにすることになる。
　しかし、審判による場合には、母は審判結果に納得していないことが多いので、審判どおりに面会交流が実施されないおそれはある。

実務の注意点

1　面会交流事件については、時間がかかっても、調停を通じて監護親である母の面会交流に対する否定的感情を解きほぐすことが大切である。
2　面会交流の調停中であっても、母の了解が得られる範囲で、手紙、メール、電話、誕生日等のプレゼントなどの方法で、子との交流を図る工夫をすることも大切である。

45 面会交流をうまく行うために

調停で子どもとの面会交流が月1回認められました。しかし妻はいろいろな理由をつけてなかなか会わせてくれません。会わせてもらう良い方法はありますか？

> **考え方のPoint**
> 1 面会交流を認める審判が出ても、監護親の母がかたくなに面会交流を拒む場合には、継続的な面会交流を実施することは難しい。
> 2 面会交流をうまく継続的に行ってゆくには、監護親の母の気持ちを推し量って、母が面会交流を行いやすいようにしていくことが重要である。

1 はじめに

　最近は、別居、離婚後も、子と父との面会交流を行うことが通常であるとの認識が広まってきており、面会交流を否定しない母親も増えている。一方、かたくなに父と子との面会交流を拒否する母親がいることも事実である。

　そして、面会交流の問題が難しいのは、面会交流を認める審判が出ても、母親が徹底的に面会交流を拒否する場合には、実際に面会交流を実現することが難しいところにある。

　また、母が徹底的に面会交流を拒否している間に子どもが成長し、父親は子の成長に関わることができないばかりか、子は母親の影響を受けて、父親に対する悪感情を植え付けられていることもある。

　したがって、父親が本当に子との面会交流を通じて、子の成長に関わっていきたいと考えるのであれば、妻に対する不満や憎悪といった悪感情を離れて、子を育てている母としての妻に感謝や尊敬の念を持つこと。そして、共に子育てをしていこうとする気持ちを持つことが大切である。

　このような気持ちを持って、面会交流の申入れや連絡をすれば、自ずと母にもその気持ちは伝わるものである。

2 面会交流を拒否する妻の気持ち

　夫との離婚をめぐる一連のやりとりの中で、妻は夫に対し憎悪や嫌悪感を抱いているのが通常である。そのため、自分の分身とも言える子が父に会うことに抵抗感を持つ母が少なくないし、むしろそれが普通とも言える。しかし、そうであっても、自分の感情と子とは別であると認識できるかどうかは、母の性格や環境等によっても異なってくる。

　自分の子育てに自信を持っている妻は、比較的柔軟に面会交流を認める傾向がある。例えば、筆者の依頼者にも、仕事が入ってしまい子どもの世話をしてくれる人が見つからない時には、離婚後も父親に子どもを預ける母もいる。その人は、子どものことを一番わかってくれているのは父だから、安心して預けられると言う。

　逆に、自分の子育てに自信がなく、子が自分よりも父の方が良いと言い出すのではないかなどと不安を抱いている母は、面会交流に消極的になりがちである。

　面会交流をうまく進めるためには、母がなぜ面会交流を拒否するのか、その理由をよく推測し、その理由を取り除く努力をすることが大切である。

3 面会交流をうまく行うために父が注意すべき点

(1) できるだけ先に養育費を支払う

　面会交流と養育費は、法律上リンクしない。そのため、母は法律上父が養育費を支払わないことを理由に、面会交流を拒むことはできない。

　しかし、子を監護している母の気持ちになれば、父が養育費も支払わないで、面会交流を要求してくる場合には、到底それを承諾する気持ちになれないだろう。子育ては、毎日のことで日々お金が必要となるのに、それを無視して子どもに会わせろと言っても納得しないだろう。

　したがって、父としては、まず養育費を毎月きちんと遅れずに支払うことが大切である。養育費の金額について争いがある場合にも、算定表等を参考にして、自分が納得できる暫定的な金額を毎月きちんと支払うことで、母の信頼を得ることができる。

(2) 自力で子を連れ戻したり、突然子に会いに行くのは厳禁

　子どもに会えない状態が長引くと我慢できなくなり、突然保育園や小学校を訪問したり、子を実力で連れ戻そうとする父もいる。しかし、このような行動をすると、母の拒絶の気持ちは一層強くなり、また裁判所も連れ去りのおそれ等があるとして、面会交流却下の審判を下す可能性がある。

　【東京高決平成19年8月22日家月60巻2号137頁】は、面会交流の調停係属中に、父が、子に対し位置情報装置を潜ませたラジコン入りの小包を送ったり、母子の居所を探索するために親類や母親の恩師に対し脅迫的な言辞を用いたりしたことなどがあったため、母は、父が子らを連れ去るのではないかとの強い恐怖心を未だに抱いているとして、父の2人の子（小学6年生と4年生）との面会交流を認めなかった。

　この判例からもわかるように、父が1度でもこのような行為をすると長年面会交流を認めない理由とされてしまうので、厳に慎むべきである。

(3) 面会交流を取引材料に使ってはならない

　妻が別居して、離婚、婚姻費用調停等を申し立てると、妻に対する憤りからこれに対する対抗措置として、子の面会交流の調停申立てをする夫もいる。面会交流は、子の健全な成長のために行うもので、子に会いたいという希望もないのに、妻に対する対抗措置で請求するものではない。そして、このような動機で申立てをしても、それは妻や子にも伝わってしまうため、これも慎むべきである。

(4) 面会交流実施の具体的なイメージをつかむこと

　妻との同居中、仕事に忙しく子育てにあまり関わっていなかった父親の場合には、抽象的に面会交流を要求するだけで、具体的にどのようにして面会交流を行うかについてのイメージをつくれない人がいる。

　子の年齢や好みなどに応じて、例えば、公園でサッカーや野球をするのか、子が習っているピアノの発表会に行くのか、保育園や学校の運動会や参観日に行くのか、子どもの勉強を見てあげるのかといった具体的な面会交流の方法を考えて、これを母親に提案することが大切である。

　具体的な面会交流の方法を考える中で、子や母の気持ちを推測するきっかけにもなるであろう。

実務の注意点

1　面会交流をうまく行うには、弁護士が前記の点などをアドバイスして、父自身にうまく面会交流を行うにはどうしたら良いかを考えてもらうことが大切である。
2　長い間子に会えない父の気持ちは察して余りあるが、面会交流事件では、法律上の主張に終始すると、母の気持ちをかたくなにしてしまう危険があるので注意が必要である。

46 面会交流の具体的な内容・条件

妻が子どもとの面会交流を認めましたが、実際に会おうとすると子どもの都合が悪いなどと言われることが多く、月1回の面会がなかなかうまくいきません。調停などで面会の日付などを具体的に決めることはできますか？

> **考え方のPoint**
> 1　調停・審判では、面会交流の回数は月1回が多い。
> 2　面会交流の調停条項は、当事者間で日程や変更の連絡等ができる場合には、一般的条項にすることが適切である。
> 3　当事者間で直接の連絡が到底できない場合には、間接強制を前提とする調停条項にするか、調停が成立できない場合には、具体的面会交流条項を入れた審判を求めることになる。

1　はじめに

　母が、概括的には父と子の面会交流を認めている場合でも、具体的に面会交流の回数、日時、場所、連絡方法等を決める段階になると、父と母の意見の違いが浮き彫りになることもある。
　母は子の習い事や塾の日程を優先させるので、自由になる日時はほとんどないことを主張し、父は子を連れて野球観戦やテーマパークに行くことを主張するといった具合である。
　面会交流の内容や条件を決めるにあたっては、監護親である母の意見をまず尊重することが大切である。
　日々子どもの世話をしている母がいちばん子どもの日程や希望を理解しているので、これを無視して父にとっての理想的な面会交流を主張しても実現することは難しい。

2 一般的な面会交流の条項

「面会交流の内容や条件を詳細かつ具体的に定めると、後日、合意内容についての疑義が生じにくくなるが、その反面、子の成長、子や父母の生活状況や子の意思などといった事情の変化、子や父母の体調や学校行事などといった個別の事情に対応することが難しくなり、面会交流の実施に支障を来すことにもなりかねないのである。」(秋武ほか＝親権 180 頁)

したがって、母と父が、面会交流の実施方法について直接連絡や調整ができる場合には、以下のような一般的調停条項とすることが望ましい。

なお、申立人が非監護親である父、相手方が監護親である母の場合である。

「相手方は、申立人に対し、申立人が当事者間の長男○○（平成○年○月○日生）と、（月1回程度）、面会交流することを認める。その具体的な日時、場所、方法については、子の福祉を慎重に考慮し、当事者間で事前に協議して定める。」

また、「相手方は、申立人に対し、長男○○との面会交流を妨げてはならない。」とする例もある。

3 面会交流の回数

調停では、面会交流の回数が1番問題となることが多い。現在の調停では、面会交流の頻度は、月1回とすることが最も多く[1]、月1回が当然のように述べる調停委員もいる。しかし、特にこれまでも面会交流の実績があるような事案の場合には、月1回にこだわることなく、月2回や毎週末、月1回＋長期休暇中の宿泊を伴う面会交流等を主張することも十分考えられる。

4 その他面会交流の実施にあたり検討すべき事項

面会交流の回数以外に、面会交流の実施にあたり検討すべき主な事項は以下のとおりである。しかし、前記のように、これらの事項を全て調停条項に入れるのが適切というわけでなく、これらの事項を頭に入れながら、面会交流の実施について協議することになる。

(1) 日時および時間

　面会交流を実施する日時を定める場合には、「毎月第1土曜日」「土曜日又は日曜日」などと決めることが多い。

　また、時間について定める場合には、「午前10時から午後4時まで」とか、単に「3時間」のように決めることが多い。

(2) 代替日
(3) 監護親や第三者の立会いの有無
(4) 宿泊を伴う面会交流を行うかどうか、行う場合にはその具体的内容
(5) 場所
(6) 連絡方法

実務の注意点

1　面会交流をうまく行うには、可能であれば一般的調停条項として、当事者が柔軟に面会交流を実施できるようにすることが望ましい。
2　当事者が直接に調整や連絡をとることができない場合には、当初は、弁護士や第三者が日時場所等の調整や連絡を行うことになるが、面会交流の実施を通じて、徐々に当事者が信頼を回復して、直接に連絡や調整を行えるように仕向けていくことが大切である。

1）平成26年司法統計年報によれば、子の監護事件の認容審判・調停成立件数のうち、面会交流の回数は、「月1回以上」が45％、「2、3箇月に1回以上」が15％、「月2回以上」が11％となっている。
　なお、「月1回以上」とは、月1回がほとんどであると思われる。

47

子が面会交流を拒否する場合

離婚した妻が監護する子どもと月1回会ってきましたが、妻から、子どもが私に会いたがらないので、しばらく会うのはやめてほしいとの連絡がありました。子どもの心を傷つけてしまったのかもしれず、しばらく休もうと思いますが、このまま会えなくなるのはとても寂しいです。

> **考え方のPoint**
> 1　子が15歳未満の場合、子が父に拒絶的な感情を示しても、その子の意思がそのまま面会交流の否定につながるわけではない。
> 2　母と父の別居期間が長くなると、その間の母の気持ちを反映し、子自身が父に対し拒絶的な感情を持つことがある。その場合、父親は無理をせず、母子の感情を解きほぐす努力をすべきである。
> 3　面会交流を否定すべき理由がないのに、子が父に対し拒絶的な気持ちを表明する場合、母の気持ちを反映していることが少なくないので、そのことを調停・審判で主張すべきである。

1　はじめに

　同居していた際には普通の親子関係であったのに、母が子を連れて別居してからは、子に会えない状態が続き、面会交流の調停申立てをしても、母は子自身が父には会いたくないと言っていると主張し、その結果、子との面会交流ができなくなることは少なくない。

　このような場合、父は、それは子の本当の気持ちではなく母が子に言わせている、子は母に気兼ねして本当の気持ちを言えないでいる、子は母に洗脳されているなどと考えることが多い。

　父と離れて暮らす子の気持ちは複雑で、母の気持ちを慮って父親には会いたくないという子もいる。

　このような場合、父が母を非難すればするほど、母の気持ちはかたくなとなり、その母の気持ちを反映して子もかたくなになる可能性がある。

したがって、調停委員や家裁調査官を通じて、子の真意を探るとともに、養育費の支払いや離婚協議を通じて、母の気持ちを和らげる努力をする必要がある。

2 子の意思の尊重および陳述の聴取

家庭裁判所は、未成年である子がその結果により影響を受ける家事審判の手続きにおいて、子の陳述の聴取、家裁調査官による調査その他の適切な方法により、子の意思を把握するように努め、審判をするにあたり、子の年齢及び発達の程度に応じて、その意思を考慮しなければならない（家事65条）。

また、家庭裁判所は、子の監護に関する審判をする場合には、子（15歳以上の者に限る）の陳述を聴かなければならない（家事152条2項）。

子が15歳以上の場合には、子との面会交流はほぼ子の意思によって決まることになり、子が拒否をする場合には、面会交流の審判が出されることはほとんどない。なお、子の意向調査の実際については、西口・近藤＝親権170頁以下が詳しい。

3 子が15歳未満の場合

子が10歳くらいになっている場合には、子は自己の意思を表明することができるとして、家裁調査官が子の意向を直接聴取することが多い（水野有子・中野晴行「面会交流の調停・審判事件の審理」東京家事事件研究会編『家事事件・人事訴訟事件の実務』203頁（法曹会、2015年））。

子の意見聴取の際に、子が父に会いたくない等の拒絶的な意向を表明する場合がある。しかし、最近の実務では、子は、両親の離婚紛争に巻き込まれ、監護親への忠誠葛藤（どちらの親に付くか迷い葛藤する現象）から、非監護親に会いたい気持ちを有していても監護親に対して本心を言えない場合があることは裁判所では認識されている（細矢郁ほか「面会交流が争点となる調停事件の実情及び審理の在り方」家月64巻7号80頁（2012年））。

したがって、子が父に拒絶的意思を表明した場合であっても、面会交流を望む非監護親はそれは子の真意ではなく、何らかの理由から述べているにす

ぎないのだということを具体的に主張・立証していくほかはないだろう。

4 子の拒絶を母の影響とした判例

　面会交流審判時に12歳の長男、10歳の長女について、母が審判で定められた面会交流を実施しないために、父が間接強制の申立てをした事案【東京高決平成26年3月13日判時2232号26頁】について裁判所は、「未成年者らが抗告人（筆者注：父）に拒否的感情を抱いていることがうかがわれるが、これは、抗告人と相手方（筆者注：母）との間の長年の対立に起因するものと認められるのであって、抗告人が未成年者らとの面会交流時に未成年者らに対してその心身を害する言動に及ぶことは考え難いことからすると、未成年者らが抗告人に拒否的感情を抱いている事実をもって、抗告人と未成年者らとの面会交流を否定することが相当であるということはできない」と述べて、間接強制の申立てを認めている。

> **実務の注意点**
>
> 1　子が父に対し拒否的な意思を表明した場合であっても、それは監護親母への忠誠葛藤等から出た可能性があるので、その場合には、子の拒絶の理由、背景等を具体的に主張・立証して、面会交流が子に悪影響を与えないことを主張すべきであろう。
> 2　子が父に対し拒否的な意思を表明した場合には、父はショックを受けて母に対し感情的な非難をすることがあるが、父母の板挟みとなる子の気持ち、立場をよく説明して、冷静になるようにアドバイスすべきである。

48

DV夫とされた場合の面会交流

別居した妻に子どもへの面会を申し入れたところ、妻へのDVを理由に断られました。妻に大声をあげたり、物を壊したことはありますが、それをDVと言われるのは心外です。妻が有利になるためのでっち上げとしか思えません。

考え方の Point
1. 夫が妻に暴力を振るっていた場合には、子との面会交流はかなり認められにくい。
2. 事実関係を丁寧に反論し、仮に妻への暴力があったとしても、その暴力が子には影響を与えていない等の場合には、子との面会交流を認めるべき理由を主張することが重要である。
3. 妻が夫の暴力について虚偽の主張をすることも稀ではない。この場合、丁寧に反論し、調停委員や裁判官の先入観を払拭することが必要である。

1　はじめに

　夫が妻に暴力を振るっており、それが離婚原因となって、妻が子を連れて家を出た場合には、夫が子との面会交流を求めても、これを実現することは難しい。

　妻には夫の暴力による恐怖や嫌悪の感情があり、夫と子との面会交流に協力する気持ちになれないことが多い。しかし、現実には、夫は妻に暴力を振るっていないのに、妻が離婚を有利に進めるためや子の親権者となるために、夫から暴力を振るわれたと虚偽の申立てをすることも少なくない。

　また、夫婦喧嘩の際に、夫が大声を上げたり、もみ合った際に転んで打撲したりしたことを、ことさらに過大に主張する妻もいる。

　このような場合には、面倒がらずに暴力がなかったことを詳細に反論することが重要である。これを放置すると子との面会交流の実施に極めて不利になることを認識すべきである。

2　夫にＤＶ防止法に基づく保護命令が発令されている時

　夫にＤＶ防止法に基づく保護命令が出されている場合、調停や審判で面会交流が認められる可能性は極めて低いと言える。

　「保護命令が発令されて、その効力があるときには、面会交流の実現は相当難しいといえる。特に、非監護親と子との接触も禁止されているときには、面会交流の実現は極めて困難である。」（秋武ほか＝親権167頁）とされ、以下の審判例でも同様の判断がなされている。

①　【東京家審平成13年6月5日家月54巻1号79頁（要約129）】

　妻が3人の子を連れて別居した原因は夫の暴力にあり、妻は各地の福祉施設を転々とし、夫に対し妻及び子らへの接近禁止の仮処分命令が出ていた事案について、裁判所は夫の面会交流の申立てを却下している。

②　【東京家審平成14年10月31日家月55巻5号165頁（要約133）】

　夫に対してＤＶ防止法に基づき接近禁止命令が出された後、夫が妻に子との面会交流を求めた事案について、裁判所は、以下のように述べて、夫の申立てを却下した。

　「真に子の福祉に資するような面接交渉を実施するためには、父母の間の信頼・協力関係が必要である。しかるに、本件においては、相手方（筆者注：妻）が申立人（筆者注：夫）の暴力等を理由に提起した離婚訴訟が係属しているのみならず、保護命令が発令されており、申立人と相手方は極めて深刻な紛争・緊張状態にあり、従来からの経緯に照らせば、このような深刻な対立状態が早期に解消されることは期待しがたいとみるのが相当である。そうすると、未成年者はまだ2歳の幼児であるから、このような状況下で面接交渉を行えば、父母間の緊張関係の渦中に巻き込まれた未成年者に精神的な動揺を与えることは避けられず、未成年者の福祉を害するというべきである。」

3　妻が夫の暴力を主張しているが、暴力の事実は認められない場合

　【東京家審平成18年7月31日家月59巻3号73頁】の事案では、妻は、

夫の暴力を主張していたが、裁判所は、当事者間の離婚訴訟判決は「申立人（筆者注：妻）と相手方（筆者注：夫）との間の暴力については、平成12年後半以降頻繁に喧嘩を繰り返し、喧嘩の際には互いに暴力を振るっていたことが認められるが、いずれも打撲程度であり、深刻な怪我を負わせるような暴力を振るったものと認めるに足りる証拠はなく、また、どちらかが一方的に激しい暴力を振るっていたとまでは認められない」と認定しているとし、1か月半に1回の割合で、第三者である社団法人職員の立会いの下での面会交流を認めている。

このように、いわば通常の夫婦喧嘩の程度の暴力であれば、面会交流を否定する理由とはならないであろう。

実務の注意点

1　妻が夫のDVを主張すると、それだけで夫が暴力を振るっている事案であると先入観を持って見る調停委員や家裁調査官もいないわけではない。このような場合には、当事者が激しく反論すると更に先入観を増幅させる危険もある。したがって、具体的に丁寧に辛抱強く事実関係の反論をする必要がある。
2　DV防止法による保護命令が出ている場合や、妻が夫の暴力を理由に住所を秘匿している場合には、面会交流の実施はかなり難しい。事案によっては、保護命令について抗告によって争うとともに、妻の虚偽の申告による損害賠償請求等も検討すべきである。

49

妻の再婚相手と子が養子縁組した場合の面会交流

妻の再婚相手と私の子どもが養子縁組をしたことを知りました。これからも子どもに会うことはできますか？　妻は許可しても、再婚相手が拒否した場合はどうですか？

> **考え方の Point**
> 1　妻が再婚し、再婚相手と子が養子縁組した場合に、実父と子との面会交流は制限されることが多い。
> 2　これを防ぐためには、面会交流が子にとって有益であることを理解させることが大切である。

1　はじめに

　離婚後に、双方が再婚することはかなり多い。厚生労働省の人口動態調査によれば、2014年における婚姻件数に占める「夫妻とも再婚又はどちらか一方が再婚」の割合は26.4％となっており、この割合は、1970年頃から一貫して上昇している。また、このうち、「夫婦ともに再婚」「夫初婚―妻再婚」の割合は、約63％に達しており、離婚後再婚する妻が多くなっていることが推測できる。

　妻の再婚後に、再婚相手と妻の連れ子が養子縁組をするかどうかは、ケースによっても異なる。特に、妻が別れた夫から養育費をもらっており、この養育費が家計に占める割合が高い場合には、連れ子と再婚相手が養子縁組をすると、原則として、別れた夫の養育費の支払義務がなくなることから、養子縁組をしないケースが多い。

　一方再婚相手の収入が高い場合や、そもそも別れた夫からの養育費が低額ないし支払われていない場合には、養子縁組をするケースが多くなる。

　妻が子の親権者である場合、妻の連れ子と再婚相手が養子縁組をするには、実父の承諾は必要なく、また子が未成年であっても家裁の許可は必要ない（民798条ただし書）。したがって、子が養子縁組をしたことを実父が知

らず、離婚時に決めた養育費をそのまま支払い続けている場合もある。

このような制度については問題も指摘されているが、現在まで改正の動きはない。

実父は、子の養子縁組を拒否することはできないが、少なくも別居中から継続的に子との面会交流を行い、子との関係を維持、継続していくことが大切である。

2 実務の考え方

妻が再婚し、子が再婚相手と養子縁組をした場合（再婚養子縁組事案）の面会交流についての実務の考え方について、比較的最近の文献を挙げ整理する。

① 秋武憲一監修、高橋信幸・藤川朋子著『子の親権・監護の実務』178頁（青林書院、2015年）

妻の再婚相手と子が養子縁組をした場合であっても、現在では「実父と子の面会交流が子にとっても有意義であると考えられており、それゆえ、再婚したということだけで直ちに実父と子との面会交流を禁止・制限するということはないといってよい。

実務においては、このような場合には、子の年齢、心身の発達の程度、子が非監護親をどの程度認識しているか、子と非監護親とのこれまでの交流状況、子と監護親の再婚相手との関係、子の意向等を十分考慮した上で、面会交流の実施が子に対して具体的にどのような影響を与えるか、面会交流の可否などを慎重に判断している。」

② 水野有子・中野晴行「面会交流の調停・審判事件の審理」東京家事事件研究会編『家事事件・人事訴訟事件の実務』196頁（法曹会、2015年）

「監護親、非監護親又は双方の再婚は、直ちに面会交流を禁止・制限すべき事由に当たるとは考えられていない。調停委員会としては、個別の事案に応じて、面会交流が、子に現実にどのような影響を与えるかについて、丁寧に検討し、面会交流を実施することでかえって子の福祉を害するかを慎重に判断する必要がある。

もっとも、一般的に、父母の再婚は子に少なからず動揺を与える場合があり、特に、監護親が再婚したときは、子と再婚相手の関係、再婚家庭におけ

る子の生活面の安定等への配慮が一定程度必要となるだろう。」

上記から見ると、子が妻の再婚相手と養子縁組をした場合であっても、原則として実父との面会交流が全面的に否定されることはないが、再婚家庭における子の生活の安定が考慮されて、面会交流がかなり制限される可能性があるということである。

3 再婚養子縁組事案の面会交流についての判例

① 【横浜家審平成8年4月30日家月49巻3号75頁（要約124）】

父が、審判時13歳の長男と9歳の長女との面会交流を求めた事案について、裁判所は、子らと再婚相手が養子縁組をし、「双方間に新たに親子関係が形成され、現在未成年者らが安定した生活を送っているとみられることからすれば、実父として我が子の無事な成長ぶりを確認したいという理由だけでは、相手方らの反対の意向にかかわらず申立人の面接交渉を認めることが子の福祉を図るうえで必要不可欠な要請であるとまでは認め難い。」と述べて、単独で面会交流が可能な長男との年1回・夏季休暇中1日の面会交流を認め、単独での面会交流が不可能な長女については認めなかった。

② 【大阪高決平成18年2月3日家月58巻11号47頁（要約135）】

監護親の父が再婚して子らと再婚相手が養子縁組をし、これまで行っていた宿泊付の面会交流を拒否したため、実母が面会交流の申立てをした事案について、高裁は、「現在は、参加人（筆者注：養母）及び抗告人（筆者注：父）は、その共同親権の下で未成年者らとの新しい家族関係を確立する途上にあるから、生活感覚やしつけの違いから、未成年者らの心情や精神的安定に悪影響を及ぼす事態はできるだけ回避されなければならず、宿泊付きの面接交渉は、そのような危惧が否定できないものというべきであるから、現段階においては避けるのが相当である。」と述べ、月1回・日帰りの面会交流のみとした。

なお、2001年の論文であるが、善元貞彦判事は昭和39年から平成12年までの面会交流に関する判例を分析して、再婚・養子縁組事案においては、「原則として非監護親との面会交流を認めないというのが裁判所の態度と考えられる。」と述べている（善元貞彦「面接交渉とその制限（事例の分析を中心として）」判タ1064号35頁）。

実務の注意点

1 　離婚後に監護親の元妻が再婚するまでには、通常相応の時間がかかる。したがって、別居中を含めそれまでの間に、父と子が面会交流を行い、面会交流が子の成長にとって必要であることを監護親にも理解してもらうように努力することが大切である。
2 　最近は、かつての判例とは異なり、再婚養子縁組事案であっても、面会交流を認める傾向にあるので、子が養子縁組をしても実父との交流が必要であることを具体的イメージをもって説明していくことが大切である。

50 面会交流をさせてくれない母への対応

子どもとの面会交流が審判で認められたにも関わらず、妻は子どもに会わせてくれません。子どもに会えるための有効な手段は他にありませんか？

> **考え方の Point**
> 1 法的手段としては、履行勧告、間接強制、再調停の申立て、損害賠償請求の方法があるが、実行させるための決定打とはならない。
> 2 面会交流が実行されない場合、まず原因をよく究明する必要がある。
> 3 間接強制によっても実際には面会交流の実現ができないことが多い。

1 はじめに

　調停や審判で面会交流が決まっていても、面会交流が実現できない場合も少なくはない。1、2回面会交流を行ったものの、母が、その際の父の連絡方法や面会交流の際の態度に嫌気がさして、その後の面会交流を拒否することもある。また、面会交流後に自宅に帰った子が夜泣きをしたことを理由に、面会交流をやめると主張する母もいる。この場合、父は時間をかけて調停や審判が成立したのに、母がこれを守らないことに激怒し、強制的に子に会わせるように主張することも多い。しかし、面会交流が実行されない場合には、まず、なぜ母が面会交流を実行しないのかを考えてみることが必要である。

　父はまず振り返ってみて、面会交流の日程の連絡の際に母を非難するような言動をしたり、面会交流は自分の権利だとばかりに高圧的な言動をしたりしていないか、面会交流の際に子どもの気持ちや希望を無視して、子どもを不安にさせたりしていないか等、いろいろと考えてみることが大切である。

　そのようなことはなく、母が一方的に面会交流を行わない場合には、まず履行勧告を行ってみることになるだろう。

2　履行勧告

　面会交流を実施する旨の調停や審判がされたが、その内容が実現されない場合には、父は面会交流を定める調停や審判をした家庭裁判所に対し、履行勧告の申出をすることができる（家事289条1項）。履行勧告の申出がされると、家裁調査官等が、母に対し電話や手紙で事情を聴取し、面会交流が実施できるように調整する。

　しかし、母が家裁調査官等の働きかけによっても、面会交流を拒否する場合には、結局履行勧告をしても、面会交流を実現することはできないことになる。

　なお、面会交流を認める義務は、財産上の給付を目的とする義務ではないので、履行命令はすることができない（家事290条1項）。

3　間接強制

(1)　間接強制とは

　間接強制は、執行裁判所が債務者（母）に対し、審判又は調停で定まった事項の履行遅延の期間に応じて、又は相当と認める一定の期間に履行しないときは、直ちに、債務の履行を確保するために相当と認める一定の額の金銭を債権者（父）に支払うべき旨を命令するものである（民執172条1項）。

(2)　間接強制ができる条項

　間接強制をするためには、調停調書や審判書で給付義務が定められていなければならない。面会交流の場合には、少なくとも、①面会交流の回数、②面会交流の日時、③子を監護親に受け渡すべき時間・場所・方法、④非監護親が面会交流を終えてから監護親に子を受け渡すべき時間・場所・方法が特定されていなければならない。

　【最決平成25年3月28日民集67巻3号864頁（要約136）】は、「監護親に対し非監護親が子と面会交流をすることを許さなければならないと命ずる審判において、面会交流の日時又は頻度、各回の面会交流時間の長さ、子の引渡しの方法等が具体的に定められているなど監護親がすべき給付の特定に欠けるところがないといえる場合は、上記審判に基づき監護親に対し間接強制決定をすることができると解するのが相当である。」と述べて、不履行1

回につき 5 万円を支払うよう命じた抗告審決定を維持した。

また、【東京高決平成 26 年 3 月 13 日判時 2232 号 26 頁】は、母が、12 歳の長男、10 歳の長女との 2 か月に 1 回・2 時間の面会交流を命じた審判を履行せず、父が間接強制の申立てをした事案において、「債務の履行を確保するために相当と認める一定の額」については、裁判所の合理的裁量によって決定する他ないとして、父が母に対し子らの養育費として月額 10 万円（1 人 5 万円ずつ）を支払っていること、母は平成 19 年 4 月の別居以降、子らを父に会わせておらず、審判がなされた平成 24 年 10 月 12 日以降も約 1 年 4 か月にわたって面会交流を実施しようとしていないこと、母は薬剤師の資格を有しており年収が 400 万円程度ではないかと考えられること、母が父に対し激しい生理的嫌悪感を抱いており、子らも小さいときからそのような母の感情を投影して成長しており、現在では父親像に歪みが見られ、父との面会交流を実施することについて相当な反発も予想されることなどの事情を勘案して、不履行 1 回につき 1 人 2 万円の割合の強制金の支払いを命じた。

この東京高裁決定の事例から見てもわかるように、母の拒絶の感情が強い場合には、長期にわたって面会交流が実施されず、その間に子らが父への悪感情を持つことが少なくない。

4　不法行為に基づく損害賠償請求

母が、調停や審判によって決められた面会交流を実施せず、面会交流の拒否に正当な事由がない場合には、父は母に対し不法行為に基づく損害賠償（慰謝料）の請求をすることができる。

【静岡地浜松支判平成 11 年 12 月 21 日判時 1713 号 92 頁（要約 127）】は、500 万円の慰謝料の支払いを命じているが、この金額が通常であるとは言えないであろう。

実務の注意点

1 調停や審判で定まった面会交流を母が実施せず、その理由が正当とは思われない場合には、まず履行勧告の申出をすることになろう。
2 履行勧告によっても、母が面会交流に応じない場合には、前記のとおり間接強制の申立て、損害賠償請求の方法が考えられるが、これらの手段によって更に母の感情を悪化させ、面会交流の実現から遠のく可能性もある。
3 迂遠な方法ではあるが、再度面会交流の調停申立てをすることも検討すべきだろう。

第8章

離婚手続

51

離婚手続の進め方と留意点

妻から離婚を求められました。突然なのでとても戸惑っています。今後どんなことを決めて、どのような手続きをする必要がありますか？ その際に注意すべき点があれば教えてください。

> **考え方のPoint**
> 1 まず、妻からの離婚申入に至る経過を夫からよく聴き取り、協議離婚が可能かどうかを見極める。
> 2 協議離婚が可能な場合、弁護士は、背後で必要に応じアドバイスするのが良い。

1　はじめに

　妻が離婚を切り出す場合には、それまでのかなり長い期間考えて離婚の結論を出している場合が多い。

　一方、夫はそのような妻の気持ちに全く気付いておらず、妻からの離婚の申入れを聞いて驚く人もいるし、「ああやっぱりそうか」と納得する人もいる。

　妻からの離婚申入に接した夫は、憤慨したり、落胆若しくは憔悴したりして、すぐには冷静にその事実を受け止めることが難しいだろう。

　しかし、離婚は珍しいことではないし、人生の１コマと割り切って、妻の離婚申入にどう対処するかを考えるようにすべきであろう。

　離婚への対処を検討するに際して、親、兄弟や友人等に相談できる人はそう多くない。また、親や兄弟は、身近であるだけに、感情的になって、客観的な判断ができないことも多い。

　したがって、離婚問題に直面した場合には、まず、本やインターネットなどで情報を得るとともに、弁護士に相談することが望ましい。

2　自分は離婚したいかどうか

　妻から離婚を告げられた場合に、まず自分自身の気持ちをよく考えて、自

分は離婚したいのかどうかを見極めることである。

特に、子どもがいる場合には、離婚による子への影響を十分に考えて、自分の意思をよく確かめることである。

3　離婚の条件を考える

自分も離婚したい場合には、次に、離婚条件を大まかに検討することである。

子どもがいる場合の主な離婚条件は、大別すると、①子の親権者、監護者、面会交流、養育費　②慰謝料及び財産分与の2点である。

そして、この離婚条件について、自分と妻の考えを一致させることができそうか、全く違うかを想定することである。

4　離婚手続の方法を考える

当初に選択する離婚手続は、大別すると、①協議離婚、②調停離婚の2種類である。

3の離婚条件について、自分と妻の考えを一致させることができそうで、妻と感情的にならずに話ができるのであれば、①の協議離婚の方法を検討すべきである。そして、大まかな離婚条件の話合いができた場合には、最終的な結論を出す前に、その離婚条件の妥当性等を確かめるために、弁護士に相談をしてほしい。

その上で、離婚条件について、合意書や公正証書を作成し、市区町村役場に離婚届を提出することになる。

5　離婚調停の申立て

妻との話合いが到底できない場合、双方の考えている離婚条件が大きく異なっている場合、妻が既に弁護士に依頼している場合等には、夫も弁護士に依頼して、離婚調停の申立てや、妻が申立てをした離婚調停の対応をすべきである。

6　離婚の話合いにおける注意点

　会社の業務の一環として取引相手と交渉する場合に、相手がどんな理不尽な要求を出したとしても、激怒したり、いわんや暴言を吐いたりすることはないであろう。

　妻との離婚の話合いも同様で、話合いの普通の常識や礼儀はわきまえるべきである。万が一、話合いの際に、暴言や暴力があると、離婚において極めて不利な状況に追い込まれることになる。

　また、離婚は少なからず子に影響を与えるので、子の前で離婚の話合いをしないことや、相手の悪口を言わないことは親として当然の配慮である。

> **実務の注意点**
>
> 1　協議離婚の場合であっても、離婚合意書の締結や離婚届の提出の前には、弁護士に相談することが望ましい。
> 2　子どもがいる場合には、離婚後も親子の関係は死ぬまで続くので、妻への感情と子との関係は切り離して考えるべきである。

52

妻が勝手に子の親権者を母と書いた離婚届

妻と離婚をすることになりました。子どもの親権者について協議をしていましたが、妻が親権者を母と書いた離婚届を私に無断で提出していました。こんな妻との離婚はいいとしても、そんな妻に親権を取られるのは承知出来ません。親権のみ取消すことは出来ますか？

> **考え方のPoint**
> 1 妻が勝手に子の親権者を母と書いて提出した離婚届は、夫に離婚自体の意思がない場合には離婚の無効確認、離婚意思はあるが子の親権者を母とする意思がなかった場合には子の親権者指定協議の無効を主張して、調停・訴訟を提起することになる。
> 2 協議離婚から時間が経つと、夫が離婚や親権者指定を追認したと見られる可能性があるので、調停・訴訟は早急に行うべきである。

1 はじめに

　協議離婚は、離婚手続に裁判所や第三者が関与しないで、当事者間だけで手続きができるので簡便ではあるが、それだけに後日問題となることも少なくない。夫婦喧嘩の勢いで、妻に離婚届用紙を取りに行かせて、署名捺印したが、翌日になって冷静になったところ離婚する気持ちはなかったケースや、妻が喧嘩の度に夫に離婚届を書かせて、いつでも出せるように離婚届を何枚も持っているケースなどいろいろある。しかし、離婚するかしないかは人生における大きな選択なので、本心では離婚する気持ちがないのに、離婚を口走ることは慎むべきである。

　また、離婚届の署名欄に自分の署名だけして、後の記入は妻に任せるなどした場合、子の親権者欄に妻が勝手に自分を親権者と書いて提出してしまうこともある。したがって、離婚届の記載は、全て必要事項を記入して確認した後に、署名捺印をすべきである。

2　離婚意思の内容

　協議離婚は、離婚届の受理時に離婚が成立する。そして、離婚をするには、離婚届の受理時に離婚意思がなければならない。

　この離婚意思とはどのような意思をいうかについて、大別すると、①真に離婚をする意思が必要という実質的意思説、②離婚届をする意思があれば足りるとする形式的意思説がある。

　判例は、「法律上の婚姻関係を解消する意思」があれば離婚は有効であるとして、不正受給した生活保護金の返済を免れ、引き続き生活保護金の支給を受けるためにした離婚届も有効としている【最判昭和57年3月26日判時1041号66頁（要約1）】。

　結婚・離婚の形が多様になっている現在において、真に離婚をする意思を探求することは困難であり、離婚の意思は形式的意思説に傾く方向である。

3　協議離婚の無効

　このように、離婚意思を形式的方向で考えざるを得ない結果、夫が自分で離婚届に署名捺印した場合には、後日その離婚の無効を主張することは容易ではない。

　したがって、離婚届に署名捺印したが、その後離婚する気持ちがなくなった場合には、離婚届の不受理申出をしておくべきであろう（戸籍法27条の2第3項～5項）。

　判例でも離婚届に署名捺印したがその後翻意したケースとして、夫が知人の市職員に妻から離婚届が出されれば止めるよう依頼し、妻が夫の離婚届への署名から6か月後に離婚届を提出した事案について、離婚を無効としたものがある【大阪高判平成6年3月31日判時1515号89頁（要約3）】。

4　親権者指定協議の無効

　離婚と親権者の指定とは、別個独立の身分行為であると考えられている。したがって、離婚意思はあったが、親権者を母とすることについては同意していなかったのに、母を親権者とする離婚届が受理され、その旨の戸籍記載

がされた場合には、子の親権者指定協議の無効確認の調停を提起することになる（調停前置）。

そして、調停が成立しない場合には、親権者指定協議無効確認の訴訟を提起することになる。

判例でも、夫が自分を２人の子の親権者とすると記載した離婚届を、妻が親権者を母とする旨記載を変更して離婚届を提出した事案について、親権者の指定協議の無効確認を認めている【東京高判平成20年２月27日判タ1278号272頁（要約5）】。

5　親権者指定協議無効後の手続き

離婚は有効だが、親権者指定協議が無効となった場合に、子の親権者はどうなるのであろうか。

子の親権者指定協議が無効になった場合には、戸籍法116条により戸籍の子の親権者の記載は抹消される。そして、離婚はしているものの、子は父母の共同親権に服することになると考えられている。

そして、子の親権者を決めるには、父母が協議により決めるか、父母のいずれかが子の親権者指定の審判申立てをすることになる。

> **実務の注意点**
>
> 1　夫の同意を得ずに、子の親権者を母とする離婚届が提出されたことを知った場合には、速やかに離婚無効又は親権者指定協議無効の調停申立てをすべきである。
> 2　離婚無効と親権者指定協議無効のいずれの申立てをするかは事案によるが、父に子の親権者を父とすることを前提として離婚する意思があった場合には、離婚無効を主張すべきであろう。

53

公正証書で離婚合意書を作る時の注意点

妻から急に離婚を切り出されショックを受けました。その後妻のペースでどんどん手続きが進み、離婚条件の合意書を公正証書で作るといわれ、公証役場で出来上がった書面に署名捺印を求められました。後からそのことを友人に話すと、すぐに弁護士に相談したほうが良いと言われましたが、どういうことでしょうか？

> **考え方の Point**
> 1　離婚合意書を公正証書とする場合、金銭の支払いを目的とする条項の金額が適正かどうかを確認することが大切である。
> 2　養育費の支払いについては、1回でも遅れると給与の強制執行がされる可能性があることを十分に理解してもらうことが必要である。

1　はじめに

　日本においては、協議離婚が離婚全体の80％以上を占めており、そのため、協議離婚の際に当事者間で離婚合意書を作成したり、更に公正証書で離婚合意をすることも少なくない。

　離婚合意書の作成にあたり弁護士に相談する人ももちろんいるが、費用負担を考えたり、弁護士に頼むと裁判になって紛争が複雑化・長期化するのでないかと恐れて、当事者間で交渉して合意書を作成する人も少なくない。また、公正証書は公証人が作るのだから、公証人に相談すればよく弁護士に相談する必要はないと考える人もいる。

　公正証書にした離婚合意書で特に後日問題となるのは、夫が不貞行為等の理由で自分に非があるため、妻が離婚に応じると言っているうちに、妻の要求する離婚条件を全て受け入れて早く離婚しようとする場合である。

　このような場合には、離婚訴訟になった場合と比較して高額の慰謝料、財産分与、養育費等が決められることが多く、離婚後夫がその支払いに窮してしまうことも少なくない。

したがって、特に、離婚合意書を公正証書にする場合には、その離婚条件を弁護士に相談して、十分検討しておく必要がある。

2　離婚合意の無効

　当事者間で作成した離婚合意が錯誤により無効とされた事例は少ない。

　判例では、離婚に伴う財産分与として土地・建物を妻に譲渡した場合に、分与者である夫には課税されることはないと考えていたところ、高額の譲渡所得税が課された事案について、分与者が自己に課税されることはないという動機を黙示的に表示していたとして、財産分与契約が錯誤により無効とされたものがある【最判平成元年9月14日家月41巻11号75頁（要約54）】【東京地判平成3年7月19日判タ778号247頁】。

　しかし、これは予想外の高額の譲渡所得税が課された事例であるので、一度行った離婚合意が錯誤により無効とされることは稀であると考えた方が良い。

3　高額な養育費

　算定表から見るとかなり高額な養育費の支払いを当事者が合意した場合であって、仮に夫が算定表を知らなかったとしても、そのことから養育費の合意が錯誤等により無効とされる可能性は極めて低い。したがって、このような場合には、養育費減額の調停申立てをすることになる。

　判例でも、公正証書で、当初子ども3人分として月額20万円、その後子が23歳に達するまで月額30万円の養育費の支払いを合意した事案について、事情変更を認め、子らが成年に達する月まで1人当たり月7万円の養育費に減額したものがある【東京家審平成2年3月6日家月42巻9号51頁（要約103）】。

　しかし、この判例は、父及び母の再婚や母の再婚相手と未成年者との養子縁組の事実があった事例であり、単に公正証書によって合意した養育費が算定表によれば高額であっただけで、養育費の減額が認められるかは疑問である。ただ、養育費の支払いは長期に及ぶので、夫が支払いに窮する額の養育費の支払いは安定的に継続しないことを、妻に説得することが重要であろう。

4 夫が有責配偶者である場合

　夫が有責配偶者であり、仮に離婚訴訟を提起したとしても、夫の離婚請求は認められないと考えられる事案で、妻が高額の慰謝料、財産分与等を支払えば離婚に応じる旨の意向を示している場合には、その対応は難しい。

　この場合であっても、仮に訴訟となった場合に認められる慰謝料額、財産分与額を算定した上で、これを超える金額を夫が支払うことが可能か、またその気持ちがあるかどうかをよく検討する必要がある。

　また、往々にして、このような場合には、妻も本心では離婚を望んでいることが多いので、高額の慰謝料、財産分与の条件をのんで協議離婚するよりは、離婚調停で条件の交渉をすることが望ましいだろう。

> **実務の注意点**
>
> 1　協議離婚であっても、公正証書で離婚給付の合意をする場合には、調停・訴訟になった場合の条件等と比較衡量してみることが重要である。
> 2　夫が協議離婚による早期解決を望んでいる場合には、離婚条件の交渉や公正証書の作成は当事者間で行うこととし、弁護士は背後でアドバイスに徹することもあり得る。

54

離婚調停をうまく行うには

親権について妻と争いになったため、今度調停を行うことになりました。調停にあたっての心構えや留意点などを教えてください。

> **考え方のPoint**
> 1 理屈に走らず、夫の離婚についての気持ちを調停委員に伝えるよう努力すべきである。
> 2 事前に夫に調停の進め方、注意事項をよく説明しておくことが大切である。
> 3 調停成立を目指すのか、成立の可能性が低く訴訟提起となるかの見極めをしておくことが必要である。

1 はじめに

　夫が、離婚調停の申立人又は相手方となる場合、調停をすることが初めてのことがほとんどだろう。そして、昨今はネット等で離婚調停についての情報が溢れているので、離婚調停について、否定的、懐疑的な気持ちを持っている人が少なくないであろう。特に、妻から婚姻費用や離婚調停の申立てをされた場合には、そもそも家庭裁判所に呼び出されること自体に腹を立てる夫もいる。

　また、家庭裁判所はそもそも女性や母親の味方だと考えている夫もいる。このような夫には、事前に調停のやり方をよく説明して、調停に対する悪感情を少しでも払拭しておくことが必要であろう。

　また、夫からよく事情を聴いて、当該事件は調停で成立する可能性が高いのか、訴訟になる見込みなのか、調停ではどのような点が争点になるのか等をあらかじめ考えておくことが必要になる。特に、離婚を希望している夫が有責配偶者で、離婚訴訟では勝訴の見込みが低い場合には、調停で妻に離婚を承諾してもらうための条件は何かをよく検討しておくことが重要である。そして、調停では、調停委員や妻側に悪感情を持たれないように夫に事前によく注意をしておくことが大切であろう。

調停は、うまくいけば、安い費用で目的を達することができる制度であるので、その価値をよく夫にも理解してもらうべきであろう。

2 調停申立書の相手方への送付

以前は、調停申立書は相手方に送付されない扱いになっていた。しかし、平成25年1月から施行された家事事件手続法によって、家庭裁判所は原則として家事調停申立書の写しを相手方に送付することになった（家事256条1項）。

そのため、妻が調停を申し立てた場合には、その調停申立書によって、妻がどのような理由で、離婚を求めているのか等を事前に知ることができる。

3 手続説明

第1回調停の最初に、調停委員が当事者に対して、調停の手続きや進め方等について説明する（手続説明）。この手続説明の際には、当事者双方が調停室で同席して説明を聴くことが一般になっているようである[1]。

同席で説明した方が効率的であり、当事者が同じ説明を聴くので公平中立であることは間違いない。しかし、当事者の中には、同じ調停室で同席することに圧迫感や威圧感、居心地の悪さを感じる人も多いであろう。そのため、同席することが嫌な場合には、その旨を調停委員に話して、別々に手続説明をしてもらうようにすべきである。

4 同席調停

調停は、現在でも夫と妻が別々に調停室に入って、個別に話をする別席調停の方法で行われているのが一般的である。しかし最近、同席調停を勧める考え方も提唱されている。調停委員の中にも同席調停を勧める人が見られる。

当事者同士が同席して対面して話し合ってこそ互いのコミュニケーションが促進され、対等な討論が可能となる等の同席調停のメリットがあること（梶村＝調停398頁）は事実だが、コミュニケーションをとる能力や意思を

有していることは稀と言っていい。

また、同席調停での発言によって、更に相手方を傷つける可能性があり、それを危惧して本心を話すことを躊躇する場合も多い。

そのため、離婚調停では原則して別席調停とすべきであろう。

5 議論ではなく説得を

夫の中には、妻の離婚申立てに理由がないことをとうとうと述べたり、詳細な反論書面を作成して調停委員に提出する人がいる。しかし、調停は、議論をして妻を打ち負かす場ではなく、妻の主張や考え方をよく聞いた上で、自分の考えや感情を述べる場なので、このような態度は有利にならない。

また、調停段階であまり詳しい反論書面を提出することは、調停が不成立になった場合や他の事件が提起された場合の夫側の主張を制約する可能性があるので、避けるべきである。

自分で主張のメモを作るのはよいが、調停では原則として、口頭でその要旨を述べて、調停委員の理解を得るようにすべきであろう。

実務の注意点

1. 離婚調停の成立を目指す場合には、事前に離婚条件、妻側の主張の予測等を綿密に行っておくことが必要である。
2. 特に、子の親権者、面会交流が争点となる調停の場合には、調停を通じて妻の考えをよく聴いた上で、調停係属中に面会交流を実施することなどを検討すべきであろう。

1) 秋武＝調停30頁は、「当事者双方に同席してもらって、説明した方が効果的」と述べている。梶村＝調停83頁は、「調停開始に当たってのガイダンスは可能な限り同席が望ましい」と述べている。

55

離婚後の税金、手当等

妻と離婚をすることになり、子どもの養育費を支払うことになりました。離婚によってこれまでの勤務先の扶養手当、税金の配偶者控除はなくなりますか？　養育費を支払っていますがそれとは関係がありますか？

> **考え方の Point**
> 1　配偶者控除の消滅、児童手当の妻への支給等により、給与の手取額等の収入が減る可能性がある。
> 2　所得税、住民税の配偶者控除は離婚すると当然なくなる。
> 3　離婚して妻が子の親権者となると、児童手当は妻が受給することになる。

1　はじめに

　夫が、会社に勤務している場合には、離婚すると会社に対してその届出をしなければならない。会社は、配偶者控除、扶養控除等の変更により源泉徴収税額等が変わったり、家族手当の支給や社宅の入居条件等が変更になる等、人事管理上、社員の家族関係の情報が必要だからである。
　かつてと異なり、社員の離婚が人事や出世に影響する会社はほとんどなくなっているので、離婚の届出を会社にすることについて、負担を感じる必要はないし、もし当事者が負担に感じている場合には、離婚によってむしろ仕事に集中することができるようになった人もいること、再婚する例も多いこと等を話して、前向きになれるようにアドバイスすることも大切である。

2　配偶者控除及び配偶者特別控除
　　（平成28年12月現在の制度）

　配偶者の合計所得金額が38万円以下（給与収入で103万円以下）である場合には、夫は所得税の計算において38万円の配偶者控除が受けられる

(所得税法83条)。また、配偶者の合計所得金額が76万円未満(給与収入で141万円未満)で、夫の合計所得金額が1000万円以下である場合には、配偶者の所得金額が増加するにしたがって減少する配偶者特別控除(最高38万円)を受けられる(所得税法83条の2)。なお、平成29年には、配偶者の年収上限が103万円から150万円に引き上げられ、150万円超から201万円までには、控除額を段階的に減らす等の改正がされる予定である。

夫が離婚すると、配偶者がいなくなるので、配偶者控除及び配偶者特別控除(配偶者控除等)はなくなり、その分夫の所得税と住民税が増えることになる。また、配偶者控除等の基準日は毎年12月31日なので、仮に12月30日に離婚した場合には、その年の所得税において配偶者控除等は受けられなくなる。

3 扶養控除

16歳未満の子を対象とする年少扶養控除は廃止され、児童手当に移行した。しかし、16歳以上の子を対象とした扶養控除は残っている。

控除における「扶養親族」は、納税者と生計を一にしていることが必要だが、同居していなくても、常に生活費・学資・療養費等の送金が行われていれば、生計を一にしていたと認められる。しかし、1人の子について扶養控除を認められるのは1人、すなわち父又は母のいずれかなので、離婚後も父が養育費を送金している場合に、父に扶養控除が認められるかが問題となる。

この点について、明確に記載した文献は見当たらないが、父の方が母より所得金額が多い場合には、父が扶養控除を受けた方が父母の合計の手取額は高くなり、父は養育費を支払いやすいので、扶養控除の適用について父母間で合意ができることが望ましい。

4 家族手当

会社が、配偶者や子について家族手当を支給していることは多い。

最近、配偶者手当は女性の就労抑制につながるとして、配偶者分の家族手当を廃止し、子ども分の家族手当を増額する企業も増えてきている。

離婚すると配偶者分の家族手当はなくなる。また、子ども分の家族手当に

ついては、会社がその支給要件をどのように定めているかによって異なるが、子との生計の同一要件を厳格に認定する場合には、離婚後父が養育費を支払っていても親権者でない場合には、支給されない可能性がある。

5　児童手当

　平成24年4月からこれまでの子ども手当に代えて、児童手当が支給されている。
　児童手当の支給には受給者の所得要件があるが、所得制限を超えた場合でも児童1人について5000円が支給される。この受給者の要件は、児童を養育している者であり、両親が離婚した場合には、児童と同居している者に支給される。したがって、離婚後父が子を監護していない場合には、これまで父に支給されていた児童手当は、監護者である母に支給されることになる。

6　児童扶養手当

　児童扶養手当は、ひとり親家庭に支給される手当で、以前は母子家庭のみに支給されていたが、平成22年8月1日から父子家庭にも支給されるようになった。その受給者は、児童等を監護しかつその児童と生計を同じくする者とされ、所得制限がある。
　したがって、離婚後父が子の監護者となっている場合には、その所得によっては児童扶養手当を受給することができる。

> **実務の注意点**
>
> 1　子の親権者を母として離婚する場合には、場合によって配偶者控除等の消滅、会社からの家族手当の消滅、児童手当の支給が母親へと切り替わること等により、父の手取収入が減ることが多いので、事前にこの点を理解してもらうことが必要である。
> 2　16歳以上の子がいる場合で、特に父の所得が高い場合には、養育費の合意にあたって、扶養控除の適用についても合意をしておくことが望ましい。

第 9 章

国際離婚

56 日本人妻と離婚した外国人夫の在留資格

日本人である妻と結婚し、5年間日本で生活してきましたが、この度妻と別居することになりました。日本の在留資格は「日本人の配偶者等」ですが、別居する場合、私の在留資格はどうなりますか？

> **考え方の Point**
> 1 「日本人の配偶者等」の在留資格で日本に住む夫の在留期限が切れる場合、他の在留資格への変更許可を受ける必要がある。
> 2 3年以上程度の婚姻実態がある場合等には、「定住者」の在留資格に変更できる可能性がある。

1 はじめに

　日本人妻と結婚していた外国人夫が離婚する場合には、通常の離婚手続以外に、在留資格についても検討しておくことが必要である。

　日本人妻と離婚すると日本にいられなくなるので離婚できない、日本にいられなくなると子どもと一生会えなくなると訴える夫もいる。また、離婚後に定住者の在留資格を取得することを念頭において、子どもの親権者になることを強く希望する夫もいる。

　このように、日本に住む外国人夫が日本人妻と離婚する場合には、在留資格が深く関係することになるので、その検討が不可欠である。

2 別居中の在留資格

　「日本人の配偶者等」の在留資格で日本に住む外国人夫が、日本人妻と別居している場合に、「日本人の配偶者等」の在留資格に該当するか（在留資格該当性）が問題となる。

　この点について、【最判平成14年10月17日判タ1109号113頁】は、以

下のように述べて、日本人夫と4年8か月別居しているタイ人妻の在留資格変更申請の不許可処分を適法とした。

「日本人との間に婚姻関係が法律上存続している外国人であっても、その婚姻関係が社会生活上の実質的基礎を失っている場合には、その者の活動は日本人の配偶者の身分を有する者としての活動に該当するということはできないと解するのが相当である。そうすると、上記のような外国人は、『日本人の配偶者等』の在留資格取得の要件を備えているということができない。」

「上記事実関係によれば、被上告人（筆者注：タイ人妻）は、日本人の配偶者として本邦に上陸した後A（筆者注：日本人夫）と約1年3箇月間同居生活をしたが、その後本件処分時まで約4年8箇月にわたり別居生活を続け、その間、婚姻関係修復に向けた実質的、実効的な交渉等はなく、それぞれ独立して生計を営み、AはBとの間の子2人を認知してこの3人との同居生活を継続していたというのであり、また、被上告人は、Aと離婚する決心はついていなかったものの、Aに対し、在留期間の更新がされれば離婚する旨を述べたり、離婚を約束する書面及び離婚届を作成して同書面及び離婚届の写しを自分の弁護士を介して交付するなどしており、他方、Aは、離婚意思を有し、本件処分当時、被上告人に対して婚姻関係を修復する意思のないことを告げ、ただ、被上告人の在留期間更新申請についてのみ婚姻関係の外観を装うことに協力するなどしていたというのである。これらの事情に照らすと、被上告人とAとの婚姻関係は、本件処分当時、夫婦としての共同生活の実体を欠き、その回復の見込みが全くない状態に至っており、社会生活上の実質的基礎を失っていたものというのが相当である。」

この最高裁判決と入管実務の運用は同様であるとされる。

したがって、外国人夫と日本人妻との婚姻関係が、別居等により社会生活上の実質的基礎を失っていると判断される場合には、外国人夫は、離婚していなくても、「日本人の配偶者等」の在留期間の更新請求は許可されない可能性がある。

3 在留資格の取消し

平成16年の出入国管理及び難民認定法（以下、「入管法」という）改正で、特定の事由が生じた場合又は判明した場合に、在留期間の途中であって

も、在留資格が取り消される制度が設けられ、その後の改正で、取消事由が追加されている（入管法22条の4第1項）。

離婚に関連して問題となるのは同項7号で、以下のように規定している。
「日本人の配偶者」又は「永住者の配偶者」として在留資格を有する外国人が、配偶者の身分を有する者としての活動を継続して6か月以上行わないこと（正当な事由がある場合を除く）。

この「配偶者の身分を有する者としての活動を行わない場合」とは、外国人が配偶者と離婚した場合、死別した場合、婚姻が社会生活上の実質的基礎を失っている場合をいう。

しかし、このような場合であっても、正当な事由がある場合には、在留資格の取消しはされない。

正当な事由の具体例として、法務省入国管理局は、以下の場合を挙げている（平成24年7月法務省入国管理局発表）。

① 配偶者からの暴力（いわゆるDV（ドメスティック・バイオレンス））を理由として一時的に避難又は保護を必要としている場合
② 子どもの養育等やむを得ない事情のために配偶者と別居して生活しているが生計を一にしている場合
③ 本国の親族の傷病等の理由により、再入国許可（みなし再入国許可を含む。）による長期間の出国をしている場合
④ 離婚調停又は離婚訴訟中の場合

なお、入管法では、前記7号に基づき在留資格の取消しをしようとする場合には、在留資格変更許可申請又は永住許可申請の機会を与えるように配慮しなければならないと定めている（入管法22条の5）。

4 定住者の在留資格への変更

日本人妻との離婚等によって、「日本人の配偶者等」の在留資格該当性がなくなった場合でも、他の在留資格の該当性があれば、その在留資格への変更許可申請をすることができる。

(1) 外国人夫が日本人の実子を養育する場合

入国管理局の平成8年7月30日の通達（法務省管在第2565号「日本人の実子を扶養する外国人親の取扱についての通達」）によって、以下の要件

に該当する場合には、「定住者」の在留資格への変更が許可される。
①日本人の嫡出子又は日本人の父から認知がなされている子の親であること
　なお、日本人父の認知は必要だが、子の日本国籍取得手続が完了している必要はない。
②当該子が未成年かつ未婚であること
③当該外国人が親権を有し、現に相当期間監護養育をしていること

このように、外国人夫が親権者として日本人の実子を監護養育していることが必要とされている。したがって、日本人妻が子の親権者となった場合には、外国人夫はこの要件には該当しないことになる。また、外国人夫が日本人の実子との面会交流を行うことが、「定住者」の在留資格取得にどの程度考慮されるかは未だ明確ではない。

(2) 上記以外の場合の定住者の在留資格への変更

また、上記(1)の事由がない場合であっても、定住者の在留資格への変更が許可される場合がある。

法務省入国管理局は、「日本人配偶者等」又は「永住者の配偶者等」から「定住者」への在留資格変更が認められた事例、認められなかった事例をウェブサイトで公表している（平成24年7月法務省入国管理局「『日本人の配偶者等』又は『永住者の配偶者等』から『定住者』への在留資格変更許可が認められた事例及び認められなかった事例について」）。

認められた事例で主要なものは、日本における実質的婚姻期間が少なくとも3年以上はある場合と考えられる。

> **実務の注意点**
>
> 1 「日本人の配偶者等」の在留資格の外国人夫が、日本人妻と離婚する場合には、在留期限を確認し、在留期間後は「定住者」等の在留資格への変更をすべきである。
> 2 「日本人の配偶者等」の在留資格の外国人夫と日本人妻との婚姻が、別居等により破綻している場合には、別居の事実を隠したりして、在留期間の更新請求をすべきではない。

57

海外に子を連れていった妻との離婚手続

妻が突然子どもを連れて家を出ました。妻は今子どもとハワイで生活をしているようですが居場所がわかりません。離婚をしようと思いますが、ハワイにいる妻を探し出さなければなりませんか？

> **考え方の Point**
> 1 夫が遺棄された場合や妻が行方不明である場合等には、日本の家庭裁判所に国際裁判管轄が認められる。
> 2 夫が妻との早期の離婚のみを希望する場合には、日本の家庭裁判所に離婚訴訟を提起すべきであろう。
> 3 夫が子の引渡しを求めるのであれば、まずハーグ条約の手続きに従い、子の住所地の裁判所に子の引渡しを求める手続きを行うべきである。

1 はじめに

　取引や人の流れがグローバルになっている現代では、日本人同士の結婚であっても、国際的要素が加わることが少なくない。有名人夫婦の離婚の影響があったり、妻が海外留学や海外勤務を経験したことがある場合などは、妻が夫と別居するために子を連れて海外に転居してしまうケースも出てきている。夫と物理的な距離を置くことによって、精神的にも自由になり、文字どおり新しい生活を始めることができると考えるのであろう。

　このような場合に、夫が、妻との離婚手続を進めるためには、妻が日本国内に居住する場合に比べて、国際裁判管轄、準拠法等のハードルがある。

2 離婚訴訟の国際裁判管轄

(1) 離婚訴訟管轄

　外国に住む妻と協議離婚ができない場合には、離婚訴訟を提起することになる。その場合には、いずれの国の裁判所がその事件を裁判すべきかという

国際裁判管轄の問題が生じる。離婚の国際裁判管轄については、明文の国内法の規定はなく、条理により判断される。そして、【最大判昭和39年3月25日民集18巻3号486頁（要約154）】が、最も重要な判決とされている。

これは、韓国で夫と婚姻生活を送っていた韓国人妻（元日本人）が、事実上夫の離婚の承諾を得て日本に帰って15年経過した後に、韓国人夫に対する離婚訴訟を日本の裁判所に提起した事案である。

最高裁は、以下のように述べて、日本の裁判管轄を認めた。

「離婚の国際的裁判管轄権の有無を決定するにあたつても、被告の住所がわが国にあることを原則とすべきことは、訴訟手続上の正義の要求にも合致し、また、いわゆる跛行婚の発生を避けることにもなり、相当に理由のあることではある。しかし、他面、原告が遺棄された場合、被告が行方不明である場合その他これに準ずる場合においても、いたずらにこの原則に膠着し、被告の住所がわが国になければ、原告の住所がわが国に存していても、なお、わが国に離婚の国際的裁判管轄権が認められないとすることは、わが国に住所を有する外国人で、わが国の法律によつても離婚の請求権を有すべき者の身分関係に十分な保護を与えないこととなり（法例16条但書参照）、国際私法生活における正義公平の理念にもとる結果を招来することとなる。」

この判決に従って、被告の住所が日本にない場合であっても、①原告が遺棄された場合、②被告が行方不明である場合、③その他これに準ずる場合には、日本の裁判所に離婚の国際的裁判管轄を認めている。

したがって、日本で婚姻生活をしていた妻が夫の承諾を得ずに勝手に外国に転居した場合には、①の原告が遺棄された場合に該当するかこれに準ずるものとして、日本の家裁に管轄を認めることができるであろう。

(2) 附帯請求の管轄

子の親権・監護権、養育費、財産分与、慰謝料等については、原則として、国際的裁判管轄は個々の法律関係ごとに検討する必要がある。しかし、離婚訴訟に附帯してこれらの請求をする場合で、かつ、離婚につき日本に国際的裁判管轄が認められる場合には、これらの附帯請求についても日本に国際的裁判管轄が認められるとされている。

(3) 相手が行方不明の場合

妻の住居所が不明な場合に、妻が国内にいるか国外にいるかは、弁護士照会によって、入国管理局に対し出入国記録の照会をすることで、確認できる。

妻が国内にいる場合には国内の公示送達により（民訴110条1号）、海外にいる場合には外国公示送達により（民訴110条3号）、訴状等を送達することになる。外国公示送達の場合には、掲示から6週間の経過によって効力が生じるので（民訴112条2項）、時間がかかることをあらかじめ理解しておくべきである。

3　離婚訴訟の準拠法

　離婚の準拠法は、法の適用に関する通則法27条、25条により次のとおり定められている。
① 　夫婦の本国法が同一であればその法により
② 　その法がない場合には夫婦の常居所地法が同一であればその法により
③ 　そのいずれの法もないときは夫婦に最も密接な関係がある地の法により
④ 　夫婦の一方が日本に常居所を有する日本人であるときは日本法が準拠法
　このように、夫婦の一方が日本に常居所を有する日本人である場合には、日本法が準拠法となるので、妻が海外にいる場合であっても、日本法が準拠法となる。

4　子の引渡しを求める場合

　妻が夫の了解を得ずに、国外に子を連れて行ってしまった場合、その居住国がハーグ条約の締約国である場合には、ハーグ条約の手続きに従って、子の日本への引渡しを求めることができる。具体的には、日本の中央当局である外務省又は相手国の中央当局に返還援助申請をする。

> **実務の注意点**
>
> 1　夫が、子を連れて海外に行った妻と離婚する決断がついている場合には、日本の家庭裁判所に離婚訴訟を提起することである。公示送達による場合には、子の親権者を父と指定することも可能である。
> 2　まず子の日本への返還を求めたい場合には、日本の外務省にハーグ条約に基づく返還援助申請をすべきである。

58 海外在住であった妻が夫に無断で子を連れ日本に帰国した場合

妻と子ども2人とニューヨークに住んでいましたが、妻が子ども2人を連れ、突然家を出て、日本に帰国しました。妻との離婚は仕方がないとしても、子どもを勝手に連れて帰国したことは許せません。連れ戻すことは可能でしょうか？

> **考え方のPoint**
> 1 日本への連れ去り又は留置が子の監護の権利を侵害する時は、父は日本の家庭裁判所に子の引渡しの申立てをすることができる。
> 2 これは、父母及び子が日本人であっても、ハーグ条約締約国が子の常居所地である場合には、申立てが可能である。

1 はじめに

ハーグ条約は1983年に発効している。

日本は長くハーグ条約に加盟しなかったために、特に国際結婚した日本人妻が夫の同意を得ずに子を連れて外国から日本に帰国してしまう事案（子連れ里帰り）等について、父の監護権、面会交渉権が侵害されているとして、非難を受けてきた。そして、平成26年4月1日から日本でもハーグ条約が発効し、同時に同条約を日本において実施するため必要な規律を定める「国際的な子の奪取の民事上の側面に関する条約の実施に関する法律」（以下、「実施法」という）及び手続規則が施行された。

平成26年4月1日から平成27年3月末までの子の返還申立て事件の新受件数は20件とやや少ないように感じるが、ハーグ条約の発効によって、今後国内の子の引渡事件にも影響が及ぶ可能性があると思われる[1]。

2 子の返還事由

裁判所は、後記の事由が全て満たされた場合には、原則として子の返還を

命ずる（実施法27条）。
① 子が16歳に達していないこと
② 子が日本国内に所在していること
③ 常居所地国の法令によれば、日本国への連れ去り又は日本国におけるけ留置が申立人の有する子についての監護の権利を侵害するものであること
④ 当該連れ去りの時又は当該留置の開始の時に、常居所地国が条約締約国であったこと

前記の返還事由が全て満たされた場合であっても、以下の事由（返還拒否事由）のいずれかがあると認められる場合には、子の返還申立てを却下する（実施法28条）。

❶ 子の返還の申立てが当該連れ去りの時又は当該留置の開始の時から1年を経過した後にされたものであり、かつ、子が新たな環境に適応していること
❷ 申立人が当該連れ去りの時又は当該留置の開始の時に子に対して現実に監護の権利を行使していなかったこと（当該連れ去り又は留置がなければ申立人が子に対して現実に監護の権利を行使していたと認められる場合を除く）
❸ 申立人が当該連れ去りの前若しくは当該留置の開始の前にこれに同意し、又は当該連れ去りの後若しくは当該留置の開始の後にこれを承諾したこと
❹ 常居所地国に子を返還することによって、子の心身に害悪を及ぼすことその他子を耐え難い状況に置くこととなる重大な危険があること
❺ 子の年齢及び発達の程度に照らして子の意見を考慮することが適当である場合において、子が常居所地国に返還されることを拒んでいること
❻ 常居所地国に子を返還することが日本国における人権及び基本的自由の保護に関する基本原則により認められないものであること

3　監護権の侵害とされる連れ去り、留置の定義

監護権は、ハーグ条約では、子の居所決定権を含む子の監護に関する権利とされており（ハーグ条約5条a）、監護権の侵害とされる連れ去り、留置

かどうかは、子の常居所地法により判断される。

したがって、日本人家族がアメリカ合衆国ニューヨーク州に住んでいたところ、妻が夫に無断で子を連れて日本に帰国しアメリカに帰らない場合、子の常居所地法であるニューヨーク州法によって、妻の行為は夫の監護権を侵害する違法な連れ去りと認められるであろう。

しかし、この家族が日本に住んでいた場合には、妻が夫に無断で子を連れて実家に帰る行為は、通常夫の監護権を侵害する違法な行為とはされていない。

このような結論について、「乳幼児の子育てには父親では代替が難しい母親独自の役割がある。母親の子に対する虐待等も問題とされることがある反面、子に対するネグレクトも最近少なくない実情からすれば、ハーグ条約実施のための子返還申立制度を金科玉条のごとく積極的に推し進めるのには慎重であるべきだと思う。我が国の子育て文化を否定し、欧米文化に合せようとする考え方や法制度には無理がある。」との考えもある（梶村太市『裁判例からみた「子の奪い合い」紛争の調停・裁判の実務』380頁（日本加除出版、2015年））。

他方「条約によって導入される自力救済禁止を徹底する考え方は、巨視的・長期的に見れば、日本の家族法にこれまでは必ずしもなじみのなかった新しい設計思想を注入することになり、やがては条約適用の局面以外にも影響を及ぼすことになる可能性があるのではないか。たとえば、条約の適用される国際事案において子連れ里帰り（自力救済）が不法な奪取とされて禁じられることになれば（そしてそのような事案が集積して一般の市民に周知されるようになれば）、子連れ里帰りという行動についての一般的な評価も変化していくかもしれない。」との考えもある（早川眞一郎「「ハーグ子奪取条約」断想——日本の親子法制への一視点」ジュリスト1430号18頁（2011年））。

4 親権者の指定等についての審判事件の取扱い

ハーグ条約は、子の監護をめぐる紛争は原則として常居所地で解決するのが望ましいとの考えに立っている。

したがって、返還を求める子について親権者の指定若しくは変更又は子の

監護に関する処分についての審判事件（人訴32条1項に規定する附帯処分についての裁判及び同条3項の親権者の指定についての裁判に係る事件を含む。以下、「本案事件」という）が係属している場合において、本案事件が係属している裁判所は、本案事件について裁判をしてはならない（実施法152条）とされる。

> **実務の注意点**
>
> 1　子の常居所地法によれば、母が子を連れて日本に里帰りして帰らない行為が、子の監護権の侵害となる場合には、父は速やかに日本の家庭裁判所に子の返還の申立てをすべきである。
> 2　連れ去りから1年を経過した返還申立ては返還拒否事由となり、また日本の家庭裁判所で、離婚訴訟、子の監護者指定等の審判手続等がなされる可能性があるので、子の返還申立ては早急に行うべきである。

1）　公表はされていないが、平成26年11月19日に大阪家裁が子の返還を命じた事件は、父の仕事の関係でスリランカに居住していた日本人家族の事案で、夏季休暇のためそろって日本に一時帰国した後、父のみスリランカに戻った。子（当時4歳）と母も新学期に合わせてスリランカに戻る予定であったが、母が父に戻らない旨を通知して子を日本に留置している事案であった（戸籍時報722号32頁）。

事項索引

【あ】

悪意の遺棄 ……………………… 4
足入れ婚 ……………………… 51
跡取り ……………………… 132
慰謝料 ……………………… 36
　　高額な―― ……………………… 40
　　不法行為による―― ……………………… 19
夫が婚姻前に取得した財産 ……………………… 77
夫が離婚したくない場合 ……………………… 24
夫の特有財産 ……………………… 77
夫名義の預金 ……………………… 73
親子関係不存在の訴え ……………………… 21
親子関係不存在の合意に相当する審判
　……………………………………… 22

【か】

学費・授業料 ……………………… 117
　　私立学校の―― ……………………… 97
　　大学の―― ……………………… 117
家計管理の方法 ……………………… 73
家裁調査官 ……………………… 161
　　――による調査 ……………………… 171
家事放棄 ……………………… 6, 56
家事労働 ……………………… 58
家族手当 ……………………… 199
家庭裁判所 ……………………… 195
通い婚 ……………………… 51
監護 ……………………… 132
　　――の継続性 ……………………… 130
監護権 ……………………… 127, 210
　　身上―― ……………………… 127
監護者 ……………………… 127, 129
　　主たる―― ……………………… 130
　　――の権限 ……………………… 133

間接強制 ……………………… 153, 181
　　――の申立て ……………………… 172
企業年金 ……………………… 89
虐待 ……………………… 28
　　児童―― ……………………… 143
　　妻からの―― ……………………… 17
ギャンブル ……………………… 29
給付義務 ……………………… 181
教育費 ……………………… 80, 83
恐喝罪 ……………………… 50
協議離婚 ……………………… 2, 187, 189, 192
　　――の無効 ……………………… 190
強制執行 ……………………… 115
兄弟姉妹の不分離 ……………………… 130
共同親権 ……………………… 126, 132
共同不法行為 ……………………… 47
強度の精神病 ……………………… 4
寄与割合 ……………………… 60
勤労意欲 ……………………… 29
経済的理由による離婚 ……………………… 29
血縁上の父子関係 ……………………… 20
合意書 ……………………… 187
控除する債務 ……………………… 80
公正証書 ……………………… 103, 187, 192
5号事由 ……………………… 4, 7, 18
子の意思 ……………………… 130
　　――の尊重 ……………………… 171
子の監護に関する費用 ……………………… 109
子の奪取の違法性 ……………………… 130
子の陳述の聴取 ……………………… 171
子の連れ去り ……………………… 149
　　妻による―― ……………………… 149
子の引渡し ……………………… 152, 208, 209
　　乳幼児の―― ……………………… 152
　　人身保護法に基づく―― ……………………… 154

──請求	149
──の強制執行	152
子の利益	149
固有資産	61
婚姻外の男女関係	51, 52
婚姻期間	84
婚姻修復の努力	26
婚姻生活の状況	46
婚姻生活を維持するために生じた債務	83
婚姻届	51
婚姻破綻の主張・立証	7
婚姻破綻の認定	3, 25
婚姻費用	26, 92, 99
──の算定	74, 95
──の変更	103, 104
──分担義務	93, 99
──分担義務の終期	100
──分担請求	94
婚姻を継続し難い重大な事由	4

【さ】

再婚	176
財産管理権	127
財産分与	57
慰謝料的──	57
清算的──	57, 60
退職金の──	84
妻への──請求	66
扶養的──	57, 70
──請求	67
──対象財産	68, 77
──の算定	75
債務の分与	79
在留資格	202
──取消事由	204
──の取消し	203
──の変更	204
自営業者	96
事実婚	51

事情変更	104
──の基準	105
児童虐待	143
──防止法に基づく通告	146
児童相談所	143
児童手当	200
児童扶養手当	200
支払能力	48
社会生活上の父子関係	20
住宅ローン	79, 96
常居所地法	211
職分	126
親権	126, 129, 132
──喪失	144
──の停止	146
親権と監護権の分属	132
親権者	126, 129
──指定協議の無効	190
──指定協議の無効確認の調停	191
──の死亡	138
親権者・監護者の判断基準	130
親権者変更	138
──調停	145
──の判断基準	136
──の申立て	135, 139
人身保護法に基づく子の引渡し	154
審判書	181
推定の及ばない子	21
生活費	29, 80, 83, 92
──口座	75
──負担の方法	63
生活扶助義務	109
生活保持義務	94, 99, 109
精神的暴力	33
積極財産	80
専業主婦	6, 49, 58, 60
──家庭	56
相続・贈与により取得した財産	77
損害賠償請求	19

【た】

退職金 ……………………………… 84
　将来支払われる―― ……………… 85
　既に支払われた―― ……………… 84
　――の財産分与 …………………… 84
怠惰 ………………………………… 29
嫡出推定 …………………………… 21
嫡出否認の訴え …………………… 21
調停委員 ……………………… 161, 195
調停条項 …………………………… 115
調停調書 …………………………… 181
調停離婚 …………………………… 187
直接強制 …………………………… 153
貯蓄口座 …………………………… 75
妻の貢献 …………………………… 78
妻の借金 …………………………… 82
妻の収入が少ない場合 …………… 49
妻の有責行為 ……………………… 18
妻への慰謝料請求 …………… 12, 19
妻名義財産の確定 ………………… 64
DV ………………………… 17, 31, 173
　夫の―― …………………… 31, 173
　過大な――主張 ………………… 33
　虚偽の――主張 …………… 33, 173
　妻の―― ………………………… 17
　――認定 ………………………… 33
　――防止法 ……………………… 32
　――防止法に基づく保護命令 … 174
定住者 ……………………………… 204
手続説明 …………………………… 196
同居期間 …………………………… 84
同席調停 …………………………… 196
特別事情 ……………………… 95, 96, 113
共働き ………………… 56, 58, 63, 66

【な】

内縁 ………………………………… 51, 52
日常家事債務の範囲 ……………… 82
2分の1ルール ……………… 60, 65

日本人の配偶者等 ………………… 202
年金分割 …………………………… 87
　――の按分割合 ………………… 87

【は】

ハーグ条約 …………………… 208, 209
パートナーシップ関係 …………… 52, 53
配偶者控除 ………………………… 198
配偶者手当 ………………………… 199
配偶者特別控除 …………………… 199
母親優位 …………………………… 130
母が再婚した場合の養育費支払義務
　……………………………………… 110
母の両親 …………………………… 142
パワーハラスメント ………… 31, 33
　妻の―― ………………………… 17
非監護親 ……………………… 135, 157
夫婦財産契約 ……………………… 67
夫婦別姓 …………………………… 51
夫婦別の財産管理 ………………… 66
扶助義務 …………………………… 93
不真正連帯債務 …………………… 47
不貞行為 …………………… 4, 13, 28, 42
　夫の―― ………………………… 44
　婚姻破綻後の―― ……………… 45
　妻の―― …………………… 9, 48
　――相手女性からの夫に対する求償請
　　求 ……………………………… 47
　――相手男性への夫からの慰謝料請求
　　………………………………… 12
　――相手への慰謝料請求 ……… 44
　――期間 ………………………… 46
　――の態様 ……………………… 46
　――の定義 ……………………… 10
　――の宥恕 ……………………… 11
　――の立証 ……………………… 10
　――慰謝料の算定要素 ………… 46
　――慰謝料の請求 ……………… 49
扶養義務 …………………………… 109
扶養控除 …………………………… 199

別居 ………………………………………… 3
　相当長期間の―― ………………… 14
　破綻とされる――期間の認定 … 25
　――期間 ……………… 3, 13, 25, 88
　――期間中の行動 …………… 24, 26
　――の定義 …………………………… 26
別席調停 …………………………………… 196
暴言 ………………………………………… 28
　夫の―― ………………………… 31, 33
　妻の―― …………………………… 17
暴力 ……………………………… 28, 31, 33
　夫の―― ……………………… 31, 173
　妻の―― …………………………… 17
保護命令 …………………………………… 32
　――発令の要件 …………………… 32
母性優先 …………………………………… 130

【ま】

身勝手な行動 …………………………… 26
未成熟子 ……………………………… 16, 118
未成年後見人 …………………………… 139
　――の指定 ………………………… 141
明白性の要件 …………………………… 154
面会交流 ……… 26, 114, 135, 143, 157, 180
　試行的―― ……………………… 161
　――の回数 ……………………… 168
　――の許容性 ………………… 130, 131
　――の権利性 ………………… 160
　――の実施にあたり検討すべき事項
　　　　………………………………… 168
　――の条項 ……………………… 168
　――の審判 ……………………… 161
　――の注意点 ………………… 164
　――の調停 …………………… 159, 161
　――の内容 ……………………… 167
面接交渉 ………………………………… 157

【や】

遺言 ……………………………………… 141
有責行為となる経済的理由 ………… 29

有責性 ………………………………… 130
有責配偶者 …………………………… 194
　――の婚姻費用請求 …………… 101
　――の離婚請求 ………………… 13
養育費 ……………………… 108, 164, 176
　高額な―― ……………………… 193
　――減額の調停申立て ………… 121
　――算定表 ……………………… 112
　――支払義務 …………………… 115
養子縁組 ……………… 110, 127, 132, 176

【ら】

履行勧告 ………………………………… 181
離婚意思 …………………………… 4, 190
離婚慰謝料 …………………………… 19, 37
　――についての学説 …………… 38
　――の算定要素 ………………… 42
　――の請求 ……………………… 49
離婚原因 ………………………………… 2, 4
　――慰謝料 ……………………… 37
離婚合意書 …………………………… 192
離婚合意の無効 ……………………… 193
離婚自体慰謝料 ……………………… 37
離婚条件 ……………………………… 187
離婚訴訟の国際裁判管轄 ………… 206
離婚調停 …………………………… 3, 195
離婚手続 ……………………………… 187
離婚届 ………………………………… 189
　――の受理 ……………………… 190
　――の不受理申出 ……………… 190
離婚の準拠法 ………………………… 208
離婚の成立 …………………………… 190

●著者紹介

本橋　美智子（もとはし・みちこ）

　　1953 年　神奈川県生まれ
　　1975 年　東北大学法学部卒業
　　現在　　弁護士（第一東京弁護士会）
　　　　　　本橋総合法律事務所

主な著書
『新版　要約離婚判例』（学陽書房）
『要約　相続判例 109』（学陽書房）
『要約　遺言判例 100』（学陽書房）
『要約　著作権判例 212』（共著、学陽書房）
『家族を幸せにする遺言書のつくり方』（かんき出版）
『新　離婚をめぐる相談 100 問 100 答』
　（共著、第一東京弁護士会人権擁護委員会編　ぎょうせい）
『暮らしの法律 110 番　結婚・離婚・再婚』（中央経済社）

●男性のための離婚の法律相談

2017 年 3 月 8 日　初版発行
2020 年 10 月 30 日　4 刷発行

　　　　著　者　本橋美智子
　　　　　　　　もとはしみちこ
　　　　発行者　佐久間重嘉
　　　　発行所　学　陽　書　房

　〒 102-0072　東京都千代田区飯田橋 1-9-3
　営業／電話　03-3261-1111　FAX 03-5211-3300
　　　　振替　00170-4-84240
　編集／電話　03-3261-1112　FAX 03-5211-3301
　　　　http://www.gakuyo.co.jp/

印刷・製本／大村紙業株式会社　装丁／佐藤　博
©Michiko MOTOHASHI 2017, Printed in Japan
ISBN 978-4-313-31410-8　C2032
乱丁本・落丁本は、送料小社負担にてお取り替えいたします。
定価はカバーに表示しています。

|JCOPY|〈出版者著作権管理機構　委託出版物〉
本書の無断複製は著作権法上での例外を除き、禁じられています。複製される場合は、そのつど事前に、出版者著作権管理機構（電話 03-3513-6969、FAX 03-3513-6979、e-mail:info@jcopy.or.jp）の許諾を得てください。

新版 要約離婚判例

本橋 美智子 著

A5判並製 400 頁　定価=本体 3,800 円+税　ISBN 978-4-313-31314-9

171 件の判例をコンパクトに解説する実務家のための判例ガイド！

探しやすい、使いやすいと好評の『要約離婚判例151』に、23件の最新判例を追加した改題新版。近年増加する子の監護や引渡しなど、社会や判例の傾向にあわせ収録判例を見直した。

〈本書の特長〉
◎読みやすい！探しやすい！使いやすい！と大好評
◎判決文のエッセンスを抽出しコンパクトに解説
◎最新の重要判例を中心にセレクト
◎各判例の解説のほか、テーマごとに判例の傾向を分析し紹介
◎「非監護親への親権者変更」など、実務に密着して探しやすいタイトル

―― 目次 ――

1章	離婚手続	6章	親権者・監護者の指定・変更
2章	離婚原因	7章	養育費
3章	婚姻費用	8章	面会交流
4章	慰謝料	9章	子の引渡し
5章	財産分与	10章	国際離婚

弁護士のための
家事事件税務の基本

相続・離婚をめぐる税法実務

馬渕 泰至 著

A5判並製 160頁　定価＝本体 2,100 円＋税　ISBN 978-4-313-31398-9

家事事件にまつわる課税関係を
基礎から解説！

弁護士が意外と知らない、家事事件における税法実務の基礎知識と留意点をやさしく示す。
弁護士・税理士双方の視点を持つ著者が、家事事件のシーンごとの課税関係を細やかに解説。
豊富な図表とやさしい解説でわかる、基本の書！

―― 目 次 ――

第1編　基礎編
　第1章　家事事件における税法の重要性
　第2章　各種税目の概要と税率
第2編　実務編
　第1章　相続における課税関係
　第2章　離婚における課税関係
　第3章　税理士との連携方法

離婚をめぐる親権・監護権の実務
裁判官・家裁調査官の視点をふまえた弁護士実務

近藤ルミ子・西口 元 編著
榊原富士子・永嶋久美子・中溝明子・山本佳子 著

A5判並製 264頁　定価＝本体3,600円＋税　ISBN 978-4-313-31395-8

家裁審理の実情、調査官調査の実際を解説！

離婚事件の大きな紛争要因である子どもの親権をめぐる争いについて、基本的な論点、手続運営の実情、実務上の留意点を裁判官、家裁調査官、弁護士等の実務家の視点で解説。
子の利益を最優先する法運用の実際を明らかにし、紛争解決に向けた当事者支援の実務のポイントを詳解。子の発達段階に応じた調査の着眼点を解説！

―― 目次 ――

- 第1章　親権の意義と内容
- 第2章　親権者
- 第3章　親権者の指定
- 第4章　監護者の指定・変更
- 第5章　親権者及び監護者の指定に関する調査
- 第6章　親権者の変更
- 第7章　子の引渡し
- 第8章　親権の喪失・停止等